说话中的76个应变术

汪建民　丁振宇　编著

北京工业大学出版社

图书在版编目（CIP）数据

说话中的 76 个应变术 / 汪建民，丁振宇编著. —北京：北京工业大学出版社，2009.12（2019.10 重印）
ISBN 978-7-5639-2232-1

Ⅰ. ①说… Ⅱ. ①汪… ②丁… Ⅲ. ①口才学—通俗读物 Ⅳ. ① H019-49

中国版本图书馆 CIP 数据核字（2009）第 208969 号

说话中的 76 个应变术

编　　著：汪建民　丁振宇
责任编辑：郑　华
封面设计：末末美书
出版发行：北京工业大学出版社
地　　址：北京市朝阳区平乐园 100 号
邮政编码：100124
电　　话：010-67391106　010-67392308（传真）
电子信箱：bgdcbsfxb@163.net
承印单位：北京德富泰印务有限公司
经销单位：全国各地新华书店
开　　本：880mm × 1230mm　1/32
印　　张：6
字　　数：150 千字
版　　次：2009 年 12 月第 1 版
印　　次：2019 年 10 月第 2 次印刷
标准书号：ISBN 978-7-5639-2232-1
定　　价：35.00 元

前言

古时候，一位国王问身边的大臣："王宫前面的水池里共有几杯水？"

大臣回禀："这种问题只要问一个小学生就能得到正确的答案。"

于是一个小学生被召来了。

"王宫前面的水池里面共有几杯水？"国王问他。

"要看是什么样的杯子，"小学生不假思索地应声而答，"如果杯子和水池一般大，那就是一杯；如果杯子只有水池的一半大，那就是两杯；如果杯子只有水池的三分之一大，那就是三杯；如果……"

"你说得完全对！"国王说着，奖赏了小学生。

这个国王突然心血来潮，要人猜测偌大一个水池中有几杯水，这实在是一个荒唐透顶的难题。面对这一难题，这个小学生不是直接作答，而是巧妙地设定"杯子和水池一般大"等条件，对这一难题做出了圆满的、无懈可击的答辩，实在令人拍案叫绝。这个小学生就很有想法，很懂得灵活应变。

有人说：想法改变命运。其实这个"想法"，说白了就是社会交际中的“变”。人们在社会生活中常常会遇到意想不到的新情况或意外变故，必须迅速适应，并快速说出适合于新情况的得体的话。这就要求每个人在日常口才训练中进行必要的“应变”训练。这种“应变”，有时将关系着一个人的命运或一项事业的成败。

人人都会说话，即使是哑巴，也会有一套自己的“语言”来表达思想。可为什么有些人说话能让人如坐春风，而有些人说话却使人心情烦闷，以致自己四处碰壁呢？这里面就有一个说话技巧问题，也就是说者是否能根据不同场合、不同对象、不同时间去说合适的话。作为社会群体的一分子，你的生活中有上司、同事、长辈、晚辈、亲朋好友、生意场里的客户等形形色色的面孔。可是上司唯我独尊；同事爱忌妒；朋友之间有误会；异性之间忌讳多；长辈爱摆老资格；老人说话好啰唆；晚辈观念新、讲派头，与我们有代沟……对别人说话，就像请客吃饭，每人的口味各异，不同的客人需上不同的菜。说话对象在变，场合在变，时间在变，你说话的方式技巧也得变，你变得不高明，就会置自己于不利之地，达不到自己想要的交际目的。你说话变得巧妙而精彩，不仅能使对方接受你的建议，更能赢得对方的心，赢得众人的欢迎与爱戴。这样说来，应变也是一种说话的技巧，一种学问、一种思想、一种艺术……

有的人每天都在提醒自己说话要少出错，却总是鬼使神差地落进自己或他人的语言陷阱之中。这种人就不懂得说话的应变之术，只是一味地用各种语言来表露自己的思想、建议、计划和目的，盲目地去沟通、说服、辩论与谈判。结果只能是沟通不成、说服失败、辩论败北、谈判失利，可谓是吃尽了不会说话的苦头。

嘴是自己的，理是天下的。要使自己的嘴能让天下所容纳，就一定要学会说话的技巧，懂得说话的应变之术。

本书采用通俗易懂的语言、发人深省的故事、实际有效的例证，论述了言语交际中的应变艺术、方法和技巧，从沟通、说服、谈判和辩论的角度分别论述说话逆境中的众多应变术。内容贴近工作和生活，方便实用，值得我们仔细阅读和揣摩。

目　录

第一章

讨人喜欢的说话应变术

第二章

避免冲突的说话应变术

第四章
左右逢源的说话应变术

第五章
委婉含蓄的说话应变术

第一章

讨人喜欢的说话应变术

在人际交往中，能够使自己的言谈令人喜欢也是一种艺术，讨人喜欢的言谈不仅可以体现出一个人的睿智与豁达，而且是一个人的思想、学识、智慧、灵感在语言中的体现。说话方式讨人喜欢是获得上司赏识、下属拥戴、同事喜欢、朋友肯定、恋人依恋的必要条件，是一个人做人办事、行走社会的通行证。

“花言巧语”术——乖巧话赢回爱人心

恋爱是甜蜜的，但恋爱之舟驶向婚姻彼岸的过程却不是一帆风顺的。其间，由于双方性格的不同，对某些问题所持观点的差异，一方言行的失当或对对方言谈理解上的偏差等原因，彼此之间总难免会出现一些摩擦。那么，正畅游在爱河之中的男女，当你与心上人因这样或那样的原因产生不快时，你该奉送上什么样的乖巧话来使你们和好如初呢？

1. 温暖关爱的话语

一天晚上同学聚会时，恋人静与光因一件小事闹了别扭。临别时，光要送静，静却执意不肯，赌气和同学走了。回去后，虽然光对静的不依不饶也有点生气，可他仍是放心不下。九点多钟，静刚一到家，电话铃就响了。她抓起电话，听筒里传来光的声音：“是静吗？我是光。静，你不让我送你回家我一直不放心，你没事吧？你平安到家我就放心了。”听了光的话，静只觉得心头一热，再也气不起来了，原本“三天不理他”的想法也烟消云散了。

光不失时机的一番关爱之语，向恋人传递了自己的关心与牵挂，语虽短，意却浓，话虽简，情却真，令对方不由得怦然心动，怨气全消。

2. 有理有据的真情语

无意中，建与琳谈起了恋爱中双方花钱的话题。建说：“琳，咱们交往这么长时间了，我没花多少钱，你的钱却大把大把地花了不少。”琳一听这话，立刻把脸扭到一边，嘴噘得老高，带着哭腔说：

“我不是没人追嘛，倒贴人家都嫌！”见此情形，建立即意识到琳误会了，急忙解释说：“琳，别生气，我真的没有别的意思。我之所以这样说，是因为我觉得不好意思，让你跟着我受苦。不是吗？我没请你吃过几次像样的饭，也没给你买过什么值钱的礼物，而你却为我买了不少书。我总觉得……”还没等建说完，琳便破涕为笑了，说：“噢，算你还知道好歹！我还以为我这么做你反倒嫌弃我了呢。”

恋人的心总是很敏感的，特别是女孩子，常为男友的一句不经意的话而浮想联翩，弄出好多不快来。面对恋人因敏感而产生的误解，及时抓住“病因”，追本溯源，给对方一个有理有据的“说法”，才能消除误会。

3. 推心置腹的坦率话

女孩大都爱耍“小性子”，她们常为男友的言行不符合自己的心意而赌气，耍小性子，使原本和谐、亲密的关系出现僵局。其实，恋人生气使性时，对她进行一番坦率真诚的表白，使她意识到你的诚心可鉴、真意可察，她自然会放弃“大小姐脾气”。

磊与雯走出电影院，两人都被刚才电影中男女主人公的浪漫爱情故事迷住了。雯望着磊说：“他为了她献出了自己的生命，你能吗？”“我，我……”看着支支吾吾的磊，雯轻蔑地掉头就走。磊同她说话，她也不搭理，径自去街边买了一块烤红薯，吃了一口，又拿出一块糖塞进嘴里。磊问她：“红薯已够甜的了，你为什么还吃糖？”雯赌气地说：“不甜，不甜，我觉得它不够甜！”磊知道她的话外之意是觉得他们俩的爱情还不够甜蜜，于是说：“你是不是怪我自私，不愿为你付出？那你就错了。我们相处的时间还短，我若轻易许诺，你会觉得我是一个不可靠的人。爱情的果实到底甜不甜，时间长了，你就品味出来了。”磊推心置腹、坦率真诚的话语把雯深深地打动了，两人的感情也由此得到了升华。

4. 故示弱小的娇嗔

恋人之间争吵，不可能只是一方的责任。而女孩子都希望男孩子主动认错，一次两次没什么，次数多了，男孩子就会觉得女孩子不懂事，脾气太大，不容易相处。这对双方感情的发展是很不利的。这个时候女孩子不妨利用性别方面的优势，给男孩子送上几句“花言巧语”，他不仅会马上怒气全消，而且还会觉得你懂事明理，善解人意。

一次，莹心情不好时冲男友帅大发脾气。事后，莹莹虽自知理亏，却不肯认错，还故意不理帅。帅也觉得心里委屈，心想：每次吵架，都是我让着你，这样下去非把你惯坏了不可。过了一会儿，莹见帅没什么反应，再看帅的脸色，知道帅是真的不高兴了，心想不能再闹了。就主动走过去，撒娇说：“不要生气了，您大人大量，就不要跟我这小女子一般见识了。”帅一听，嘿嘿一笑，两人言归于好。

5. 故弄玄虚的贫嘴

恋人之间难免出现一些磕磕碰碰，有时还会出现感情危机。这个时候就需要双方具备一定的语言技巧。会说话的人既能唤回对方的热情，又能挽回降至冰点的感情。

强和霞闹别扭之后，彼此冷战了大半个月。女孩子毕竟心要软一些，霞实在是忍受不住感情的折磨，准备向强妥协，就给强打了个电话：

“我的一本《英语考试指南》放在你那儿了，我现在急用，你送过来好吗？”

强装作病恹恹地说：“按理说我应该给你送过去的，可是我现在生病了，而且病得不轻，实在是没法送呀。”

霞一听神情立马紧张起来：“你怎么啦？要不要紧？”

“我得了一种很严重的病，叫相思病。”

强的贫嘴，让霞扑哧一笑，矛盾就在这一问一答中消解了。

强采用了“故弄玄虚”的方法，告诉霞自己生病了。听到霞担心的话语，强知道霞心里已经原谅自己了，于是再“花言巧语”地贫嘴一番，博佳人一笑，自然矛盾就消弥于无形了。

恋爱是婚姻的前奏。只要你学会巧妙运用“恋爱物语”，“花言巧语”一番，就能一次次拨开恋人脸上的阴云，最终与其携手步入婚姻的殿堂。

角色置换术——站在对方的立场看问题

设身处地地为别人着想，站在别人的角度上思考问题和阐述问题，才能赢得对方的好感，从而大大增强自己的说服力。对于不易说服的人，最好的办法就是让他相信你是和他站在同一立场上的。

有一家大型公司的总经理要租用一家旅馆的大礼堂开一个经销商会议。刚要开会，对方通知他要付比原来高三倍的租金。没办法，总经理去找旅馆经理交涉。他说了下面一番话：

“我接到您的通知时，有点震惊。不过这不怪您，假如我处在您的位置，可能也会发出同样的通知。您是这家旅馆的经理，您的责任是让旅馆尽可能多赢利。您不这么做的话，您的经理职位就难以保住。假如您坚持增加租金，那么让我们来合计一下，这样对您有利还是不利。先讲有利的一面，大礼堂不出租给开会者而出租给举办舞会、晚会的，那您当然就可以获大利了。因为他们能一次付出很高的租金，比我出的租金当然要多得多。租给我，显然您是吃了大亏。现在，再考虑一下不利的一面。首先，您增加我的租金，反而会降低您的收入，因为实际上等于您把我撵跑了。由于我付不起您所要的租金，我势必要再找别的地方举办会议。还有一件对您不利的事：这个会议的参加者来自全国各地，他们的社会地位、文化修养、受过的教育都在中等以上。这些人到旅馆来开会，对您来说，这难道不是起了不花钱的活广告的作用吗？事实上，假如您花5000元钱在报刊上登广告，您也不可能邀请到这些人亲自到您的旅馆参观，可我的会议为您邀请来了，他们以后都会成为您的潜在客户。这难道不合算？请仔细考虑后再答复我。”

如此入情入理的恳谈，令任何人都无法拒绝。最后，旅馆经理向那位总经理让步了。

这位具有出色口才的总经理为人们上了生动的一课。他正是真正站在对方的立场上，为对方着想，全面地分析了对方的利弊得失。说话真诚，入情入理，最后成功地说服了对方。

生活中有时还会发生这样的情形：对方或许完全错了，但他仍不以为然。在这种情况下，不要急着指责对方，那是不明智的做法。应该去试着了解事情的经过和真相，对方为什么会有那样的思想和行为，其中自有一定的原因。探寻出其中隐藏的原因来，便能得到解他人行为动机或人格品质的钥匙。而要找到这把钥匙，就必须真诚地将自己放在对方的位置上。

永远按照对方的观点去想，站在他人的立场去看待事情，一如你自己的一样，这或许会成为影响你终身事业的一个关键因素。

所以，如果你要使人信服，而不是竭力反对，那么就请你尽量站在对方的立场上看事情、处理事情吧。

简约术——话不在多，达意则灵

好的语言并不在多，达意则灵。著名艺术家赵丹先生去世后，有人问黄宗英女士是否打算再嫁，黄宗英回答说："我已经嫁给大海，就不能再嫁给小河了。"这句话简洁明快，并且意蕴深刻，耐人寻味。

高尔基曾说："简洁的语言中有着最伟大的哲理。"在当今这个信息时代，人们的生活节奏大大加快，说话要达到简洁、明快，就要千锤百炼，使自己的词汇富足、思路清晰。因为词汇贫乏，表达必词不达意、啰唆干瘪；思维不清，表达必语无伦次，枉费口舌。

语言简洁，是指语言表达简明扼要、言简意赅，即简中求准。古人云"立片言以居要"，讲的就是这个道理。简中求准有"言简而意丰，言简而意准，言简而意新"三个原则。既概括精当，又凝练精辟，用最少的文字表现最丰富的内容，"惜字如金"。

毛泽东同志是最擅长简洁的语言表达方式的。他用"夺取全国胜利，这只是万里长征走完了第一步"来比喻社会主义建设道路艰巨而漫长。他用"早上八九点钟的太阳"来赞美朝气蓬勃的青少年；用"妇女能顶半边天"来说明妇女在社会主义建设中的巨大力量。

关于说话简洁还有这样一个例子。1981 年世界杯排球赛最后的一场是中日对决，中国女排轻松地赢得了第一、第二局，女排队员们异常兴奋，激动得不能自已。结果，第三、第四局因情绪失控而打得毫无章法，稀里糊涂地输给了日本队。主教练袁伟民一再请求暂停，面授机宜，却不见成效。

怎样才能使女排姑娘们镇静下来，获取冠军呢？在第五局开始前的短暂时间里，主教练袁伟民对她们说了几句话："要知道，我们是中国人，我们代表的是整个中华民族，祖国的人民在电视机前看着我们，我们要拼，我们要搏，我们要大获全胜。这场球拿不下来，我们要后悔一辈子！"

女排姑娘们在这沉重的话语下，胜了关键的第五局，赢得了世界冠军。主教练袁伟民这简短的几句话、几十个字，道出了中华民族的精神与尊严以及这场球赛的关键意义，极大地鼓舞了女排姑娘们的士气。

我们在日常说话中，也要长话短说，要"筛选""过滤"出最精辟的、恰如其分的表情达意的词句，尽可能以省俭的语言表达出深刻的内涵。

美国学者多琳·安森德·图尔克穆说："如果你还没有想好用哪个词最合适，那你就干脆别开口。"

动人春色不需多。在当今信息社会，一切都讲究快节奏、高速度，没有人可以听你啰啰唆唆地一侃就几个小时。罗斯福的就职演说仅 985 个字，林肯著名的葛提斯堡演说只有 10 个句子，喜剧大师卓别林在奥斯卡的领奖台上只说了一句话："此刻，语言是那么多余，那么无力！"所以说，说话忌拖泥带水。

面子术——说话要顾及对方的面子

俗话说，人活一张脸，树活一张皮。因此，不管对什么人来说，面子都是至关重要的事情。

每个人都爱面子，一些人甚至把面子看得比生命还重要。伤了别人的面子，不仅会伤到彼此的和气，有时还会留下无穷后患，因此，任何时候都要注意保全别人的面子。

经过几个世纪的敌对之后，1922 年，土耳其决心把希腊人逐出自己的领土。穆斯塔法·凯末尔对他的士兵发表了一篇拿破仑式的演说，他说："不停地进攻，你们的目的地是地中海。"于是，近代史上最惨烈的一场战争开始了，土耳其最终获胜。

当希腊的迪利科皮斯和迪欧尼斯两位将军前往凯末尔的总部投降时，土耳其士兵对他们大声辱骂。但凯末尔却丝毫没有显示出胜利者的骄傲，他握住他们的手，说："请坐，两位先生，你们一定走累了。两位先生，战争中有许多偶然情况，有时最优秀的军人也会打败仗。"

凯末尔即使在全面胜利的兴奋中，也仍然牢记着一个重要的信条——让别人保住面子。

心理学研究表明，谁都不愿把自己的错处或隐私在公众面前曝光，一旦被人曝光，就会感到难堪或恼怒。因此，在人际交往时，如果不是为了某种特殊需要，一般应尽量避免触及对方的敏感区，避免让对方当众出丑。必要时可委婉地暗示自己已知道他的错处或隐私，对他造成一种压力即可。但切记不可过分，只需点到为止。

英国首相丘吉尔和他的夫人也曾成功地处理过一件类似的事情。

一次，丘吉尔和夫人克莱门蒂娜一同出席某要人举行的晚宴。席间，一位著名的外交官，将一只特别可爱的小银盘偷偷塞入怀里，但他这个小小的举动，却被细心的女主人发现了。女主人很着急，因为那只小银盘是她心爱的一套古董中的一部分，对她来说意义非常重大。怎么办？女主人灵机一动，想到求助于丘吉尔夫人，把银盘“夺”回来。于是，她把这件事告诉了克莱门蒂娜。

丘吉尔夫人略加思索，向丈夫耳语一番。只见丘吉尔微笑着点点头，随即用餐巾作掩护，也“窃取”了一只同样的小银盘。然后走近那位外交官，很神秘地掏出口袋里的小银盘道：“我也拿了一只同样的小银盘，不过我们的衣服已经被弄脏了，所以应该把它放回去。”外交官对此话表示完全赞同，两人将盘子放回桌上，于是小银盘物归原主。

即使是下属或孩子犯了错误，你不得不批评他，在批评的时候也要注意语言的运用。既要坚持原则，又要不伤害对方的面子，更不可口出恶语，挖苦讽刺，侮辱他人的人格。

另外，在拒绝别人的时候，一定要照顾对方的情感，顾全对方的面子，尽量不要使双方的交情因此而受到影响。

如果在拒绝别人时让对方丢了面子，那么，他们必然会心生怨恨，这势必会影响你们今后的交情。但是，如果你能够以巧妙的方式拒绝对方，让对方既能很好地明白你拒绝的苦衷，又不觉得自己的面子受损，那么，你就算是掌握了拒绝之道。

有这样一句谚语：“愚笨的人，说想说的话；聪明的人，说该说的话。”在与人交谈中，我们一定要为自己和别人留下适当的弹性空间，不要把话说死，伤害别人的自尊是一种罪行。如果你有这样的坏习惯，那就马上改正它。别让它赶走你的知心朋友，毁了你的生活！

亲和术——说话要有亲和力

亲和力最早属于化学领域的一个概念，特指一种原子与另外一种原子之间的关联特性，但现在越来越多地被用于人际关系领域。例如，若某人与周围的人际关系融洽，打成一片，通常我们就说这个人具有亲和力。具有亲和力的人在与人谈话时总是用友善的口吻，脸上也总是保持着微笑，这样能有效消除人与人之间的隔膜，拉近彼此间的距离。在人际交往中，具有亲和力的人无论何时何地都是广受欢迎的。即便是批评，有了亲和力，也会更容易让人接受。

玛丽·凯公司是一家知名的化妆品公司。为了扩大自己公司产品的影响力，玛丽·凯女士自己用的化妆品都是自己公司所生产的。她也建议公司职员使用本公司的化妆品，因为她不能理解凯迪拉克轿车的推销员开着福特轿车四处游说，人寿保险公司的经理自己不参加保险。那么，她是如何同职员交流这一想法的呢？

有一次，她发现一位经理正在使用另外一家公司生产的唇膏。她借机走到那位经理桌旁，微笑着说道："老天爷，你在干吗？你不会是在公司里使用别的公司的产品吧？"她的口气十分轻松，脸上洋溢着微笑。那位经理的脸微微地红了。几天后，玛丽·凯送给那位经理一套公司的口红和眼影，并对她说："如果在使用过程中觉得有什么不适，欢迎你及时告诉我。先谢谢你了。"再后来，公司所有的新老员工都有了一整套本公司生产的适合自己肤质的化妆品和护肤品。玛丽·凯女士亲自做了详细的使用示范，她还告诉员工，以后员工在购买公司的化妆品时可以打折。

玛丽·凯亲和的态度、友善的口语表达，使她自然地与员工打成一片，成功地把她正确的经营理念灌输给员工。

亲和力就是这样，它是人们说话时一种友善的态度。这种方式的优点是易于消减人与人之间的隔膜，进而使传达者有效地把自己的思想传递给被传达者。

我们可以把亲和力比作盛装佳肴的器具，把我们所要表达给别人的思想比作佳肴。如果这器具是脏兮兮且令人讨厌的，恐怕也不会有人愿意品尝盛在其中的佳肴了。

那么，我们该如何来增强自己说话的亲和力呢？

语言的亲和力首先来自于语言的亲近感。很难设想，说些冠冕堂皇、虚情假意的话就可以产生亲切感。因此，即使对话双方身份不同、处境各异，只要说的是坦率的、真诚的、发自肺腑的话，往往就能起到增加亲切感的作用。

当一个人处于失望、沮丧的情绪中时，如果我们在说话时有意增添一些肯定性的内容，就好比给干旱的庄稼送去了及时雨，给停滞的船送去了顺帆风，自然而然地会带给对方一种被人信任的感觉，从而也就起到了增强亲和力的作用。

青年业余作者小徐写了一个电影剧本《马背摇篮》，虽然前后修改了八次，但仍然被制片厂给否定了。正在苦恼之中，有人传话给小徐，说是导演看过那个剧本后，说道："虽然不够成熟，却有火花，有闪光的东西，我读的时候还掉了几次泪。"小徐听了别人的这番话后，顿觉一股暖流从心底涌出，于是立即找到导演再商修订计划，终于使这个剧本获得通过，拍成了一部成功的影片——《马背上的摇篮》。无意之中说出的肯定性的话，给予当时人内心的冲击和温暖又岂是言语所能传达出的呢？

欲使自己的话有亲和力，就应注意尽可能多地以商量的口吻，讲一些与对方密切相关、利益相连的话，以增强关切感和认同感。

冷若冰霜的面孔只会拒人于千里之外，虚情假意的表演只能招致唾弃和骂名。让你的言语中多一些亲和力，你的世界将充满平和，你的交际将更加如鱼得水。

请教术——给上司提建议的最佳方式

作为一名下属员工，不管上司的能力如何，在与上司交流沟通时，应该妥善掌握上司的个性以及交往尺度，消极的说法是以求自保，而积极的说法则是培养与上司之间更良性的互动。这也有助于自己在职场上的发展，毕竟多一个朋友绝对比多一个敌人对自己有利。

上司并非能力就比较强，也不见得时时都能够兼顾到所有的细节，难免还是会出现一些疏忽或者闪失的时候，而下属如果发现，或者是有一些自认为更好的方案，该如何向上司提出呢？如何确保自己的想法无误？如果无误，又如何能够让上司不失颜面地接纳与采用呢？

某公司曾有一位资深的董事，他是一个产业的老前辈，却总以一种谦虚、求教的态度待人处世，让同行非常的敬佩。每次做定期的业务报告之时，他总是会有许多宝贵的建议，而最有智慧之处，便是他会用请教的方式，把自己的建议表达出来，而且每每都会获得大家的认同以及尊重。

这种用请教的方式提建议，也是下属对上司提建议时的一个较好的切入点。请教的态度会让上司得到一种备受下属尊重的第一印象，他会因为心理的满足而更能接纳接下来与下属的交流。而这种请教的方式，也可以避免因为自己可能存在的不周全或者不成熟的想法而提出不良建议，让自己进退自如，不至于暴露自己的短处。

请教，是一种低姿态，其潜在含义是尊重上司的权威，承认上司的优越性。即在提意见之前，你已仔细地研究和推敲了上司的方案和计划，是以认真、科学的态度来对待上司的方案和计划的。因而，你的建议应该是在尊重上司观点的基础之上的，很可能是对上司观点的有益补充。这种印象无疑会使上司感到情绪放松，从而降低对你所提建议的敌意。

成就感牢固地根植于每个人的心灵深处。别人向我们求教，这就表明自己在某些方面是具有优越性的。在被别人请教时，我们心中涌起的愉悦感和自豪感往往主宰着我们的情感，甚至是理智。每一个健康的、心智正常的人都会对这种感受乐此不疲，即使是上司也不例外。

请教的姿态，不仅仅是形式上的，更有内容上的意义。在未提出自己的意见之前，先请教一下上司的意见，可以使你做到进退自如。一旦发现自己考虑得不是很周到，你还有机会立刻住口，回去后再把自己的建议完善一下。

向领导请教，有利于找出你们的共同点，这种共同点，既包括方案上的一致性，又包括你们在心理上的相互接受。

有经验的说服者事先往往要了解一些对方的情况，并善于把已知情况作为“根据地”“立足点”，然后，在与对方接触中，随着共同的东西逐渐增多，双方也就逐渐熟悉起来，能感受到心理上的亲近，从而消除疑虑和戒心。

下属在提出建议之前请教上司，就是要寻找谈话的共同点，建立彼此相容的心理基础。如果你提的是补充性建议，那就要首先从明确肯定领导的大框架开始，提出你的修正意见，做一些枝节上的或局部上的改动和补充，以使领导的方案或观点更为完善，更有说服力，更能有效地执行。

如果你提出的是反对性意见呢？这要到哪里去找共同点呢？其实不然，共同点不是仅仅局限于方案内容本身的，还在于培养共同的心理感受，使对方愿意接受你。虽然你可能不赞成你上司的观点，但你一定要表示尊重，表明你对其的理性的思考。你应设身处地地站在上司的立场来考虑问题，并以充分的事实材料和精当的理论分析作为依据，在请教中谈出自己的看法，在聆听中对其加以剖析，只要你有理有据，上司一定会心悦诚服地放弃自己的立场，仔细倾听你的建议和看法。在这种情况下，上司是很容易被说服，采纳你的意见和建议的。

请教会增强上司对下属的信任感。当你用诚恳的态度来进行彼此的沟通时，上司会逐渐排除你是有意挑“刺儿”，你对领导不尊重等这些猜测，逐渐了解你的动机，开始恢复对你的信任。

社会心理学家认为，信任是人际沟通的“过滤器”。只有对方信任你，才会理解你说话的动机，否则，即使你提出的动机是良好的，也会经过“不信任”的“过滤”作用而变成其他的东西。这种东西往往是被扭曲了的，带有怀疑主义的色彩，这使得上司不可能理智地去分析你的意见和建议，你的每一句话都会与你的“不良”动机联系在一起。

示诚术——给人以诚赢得信任

人类是高级的感情动物，在做事情时，往往是由感性来支配理性的。因此，我们很有必要在与别人交流与沟通的时候，表露出我们的真诚，以达到相互之间信任的效果。现代社会，无论是做什么事情，我们都希望获得双赢甚至多赢的结果，那么，真诚地关怀他人，必将会对此有着巨大的帮助。

最会说话的人，通常都非常真诚，他们往往站在对方的角度，设身处地为对方着想。关心和关怀他人，是最会说话的人的一个重要特点。

19世纪法国著名的微生物学家路易·巴斯特，就是用自己的真诚感动了校长一家，并如愿以偿地成为校长的乘龙快婿的。

巴斯特在法国斯特拉斯堡大学任教时，认识了校长洛朗的女儿玛丽小姐。见面没多久，巴斯特就被玛丽的美丽端庄、温柔大方所俘虏了，他深深地迷恋上了玛丽小姐，并决定向她求婚。

于是，巴斯特分别给洛朗先生、洛朗太太、玛丽小姐写了求婚信。

在给玛丽小姐的信中，巴斯特写道："亲爱的洛朗小姐，我爱你不是因为你的容貌，也不是因为你是校长的女儿，而是因为你对自然的热爱、你对万物的慈悲。我想，一个如此善良的姑娘，一定会好好照顾她的丈夫的，而我，就非常需要一个可爱的女人的照顾。并且，你做的苹果馅饼非常可口，我想一辈子都享有这种馅饼，可以吗？"

在给洛朗太太的信中，巴斯特写道："敬爱的太太，您生育了一个好女儿，这位姑娘深深地吸引了我。我想，如果我因不能得到她而痛苦不堪时，您也应该负一定的责任，至少您应该感到良心不安，因为您把自己的女儿培养得太优秀了，以至于我根本无法将她割舍下。请允许我来替您照顾她好吗？我需要的只是一个妻子，一个爱自己和被自己爱的姑娘，而您的女儿，我会原封不动地替您保管。请相信我的真诚，我以基督的名义起誓，我会像一个父亲一样照顾她、爱护她。”

在给洛朗先生的信中，巴斯特写道：“我应该先把下面的事实告诉您，让您容易决定允许或拒绝。我的家境小康，没有太多的财产。我估计，我的家财不过五万法朗，而且我早已决定把我的一份送给我的姐妹们了。所以，我可以算是一个穷汉。我所拥有的只是健康、勇敢和对科学的热爱，然而，我不是那种为了地位而研究科学的人。”

在信中，巴斯特的言语非常坦率，充分地表达了自己的真诚，并且，字里行间充满了炽热的情感。最终，洛朗一家接受了他的真诚，成就了一对伉俪。

真诚是人性中一种非常美好、非常难得、非常珍贵的感情，每个人都渴望真诚，渴望别人能够诚心诚意地对待自己。一句真诚的话，可以给人带来亲切与温暖，可以消除对方的陌生感，可以进一步拉近两个人的距离。一句看似平常的却充满关心的话语，背后却蕴藏着温暖的友爱之情。

与众不同术——以独特的方式打动对方

如果你有满腹经纶而又怀才不遇，如果你不愿意或者完全不懂怎样讨好人而又急于想为世所用，处于这种矛盾的状况下该怎么办呢？唯一的办法就是推销自己。推销自己的时候，要突出自己的特色，发挥自己最能打动别人的优点。

在“香港小姐”的决赛中，为了测试参赛小姐的思维速度和应对技巧，主持人提问说：“假如你必须在肖邦和希特勒两个人中间选择一个作为终身伴侣的话，你会选择哪一个呢？”好几位小姐选择了肖邦，但有一位参赛小姐回答说："我会选择希特勒。如果嫁给希特勒的话，我相信我能够感化他，那么第二次世界大战就不会发生了，也不会有那么多的人家破人亡。"这位小姐的巧妙回答赢得了人们的掌声。

在这个故事里，主持人提的问题难度较大，如果回答"选择肖邦"，则答案没有特色；如果回答"选择希特勒"，则很难予以合理的解释。这位小姐还是选择了后者，并寻找出了合理而充满正义的理由，从而成功地表现出自己的特色。

在社会生活中，要引起别人的注意，给别人留下深刻的印象，最重要的一条就是为人处世要有自己的特色，要以自己的独特的方式打动别人。

美国钢铁大王安德鲁·卡内基小的时候家里很穷，有一天，他放学回家的时候经过一个工地，看到一个老板模样的人正在那儿指挥盖一幢摩天大楼。

卡内基走上前问："我长大后怎样才能成为像您这样的人呢？"

"第一要勤奋……"

"这个我早就知道了，那第二呢？"

"买件红衣服穿。"

卡内基满腹狐疑："这与成功有关吗？"

那个老板模样的人指着前面的工人说："有啊，你看他们都穿着清一色的蓝衣服，所以我一个都不认识。"说完，他又指着旁边一个工人说："你看那个穿红衣服的，就因为他穿得和旁人不同，这才引起了我的注意，我也就认识了他，发现了他的才能。过几天我会安排给他一个职位，所以买件红衣服也很重要，知道吗？"

许多时候，如果我们采取千篇一律的方法去说服别人，对方不一定会接受你。这个时候，就需要你开动脑筋，采取一些独特的方式，巧妙地去吸引对方的注意，以达到说服对方的目的。

当我们的说服对象是一些地位较高、较有名气的人时，在说服前我们就要多收集一些关于对方的“情报”。这些情报一方面可以拉近我们与名人的距离，另一方面也会在无形中抬高我们的地位，从而让名人对我们刮目相看。

寻同术——共同点让双方更亲近

寻同即“套近乎”。“套近乎”的技巧就是在交际双方的经历、志趣、追求、爱好等方面寻找共同点，诱发共同语言，为沟通创造一个良好的氛围，进而赢得对方的支持与合作。

某中学校长发表了一篇以“矫正中学生早恋行为”为主题的演讲，他的开场白是这样的：“记得我年轻时，上课过程中总是禁不住看班上一个女孩，不知怎么搞的，当时脑子里总是会想到她。”在场的同学听后顿时鸦雀无声，这位校长指出这是青春期性萌动的正常反应，接着，他谈了自己对早恋的看法。学生们都觉得校长亲切可信，甚至有一些学生还把自己的早恋问题，通过写信的方式告诉校长，并希望得到他的帮助。在这里，该校长说自己年轻时和同学们一样也曾青春萌动过，以此来拉近与同学们的距离，从而取得了良好的沟通效果。

在日常交往中，懂得运用恰当的语言和对方“套近乎”，就能够迅速消除彼此之间的陌生感，缩短相互之间的感情距离，营造出和谐的气氛，建立起融洽的关系，同时也给对方留下了一个良好的印象。那么，应该如何寻找与对方的相同点，与人“套近乎”呢？

1. 以同乡关系来“套近乎”

同乡关系属于较为亲密的关系，能够给人一种温馨的感觉，使彼此之间比较容易建立信任感。在初次见面的时候，如果突然得知面前的陌生人与自己有某种关系，还是会使人产生一种惊喜的感觉。所以，在交谈时，你不妨利用老乡的关系来和陌生人“套近乎”，快速地拉近彼此之间的距离，说不定还能使双方一见如故。

平时，在与初次见面的人交谈时，我们常常会问：“你是哪里人？”当知道对方的籍贯之后，如果你对对方说：“我曾经去过那个地方”，对方可能马上就会对你产生一种亲切感，双方之间的感情距离也就因此大大缩短了。

现在，许多大学里面都存在一些老乡会、同乡联谊会等类似的组织，其目的就是为了通过同乡关系把同一地方的学生召集、组织起来，达到联络感情、加强交流、相互帮助的作用。

从人的心理上来说，每个人的潜意识中都存在一种“排他性”，即对自己或跟自己有关的事物往往会不自觉地表现出更多的兴趣和热情，而对跟自己无关的事物则有一定的排斥心理。因此，在交谈中，利用同乡关系，就能使双方意识到彼此的距离其实很“近”，进而就能很容易地缩短彼此之间的感情距离，形成坦诚相谈的气氛。

2. 寻求对方外貌上的共同点来“套近乎”

其实，每个人最感兴趣的都是关于自己的话题，尤其是对有关自己相貌的话题，每个人都会或多或少地表现出兴趣。在人们初次见面时，也总会在陌生人的面孔上寻找自己亲朋好友的影子，说“你长得好像某某某……”之类的话。所以，在和陌生人交谈时，恰当地用谈论对方外貌的方法来“套近乎”就是一种很不错的交际方式。

善于交际的小张和沉默寡言的小邓初次见面时，小张很巧妙地把话题引向这位新朋友的相貌上："你长得太像我的一个表弟了！我刚才差点把你当成他了！你们俩都是大高个儿，白净脸，都有一种沉稳的气质……他也有这么一件深蓝色的西服……你们俩的样子还真像嘞！""真的？"小邓眼里闪烁着惊喜的光芒。两个人的话匣子就此打开了。我们不得不佩服小张谈话的灵活性。他把小邓和自己的表弟相提并论，也就等于在无形之中缩短了两人之间的感情距离；他又在接下来描述两人的相貌时，顺便巧妙而不露痕迹地赞美了对方，因而使这个不喜言谈的新朋友也动了心，愿意和小张倾心交谈。

3. 寻找对方名字上的相同点来"套近乎"

名字不仅是一个代号，在很大程度上是一个人的象征。在初次见面时，把对方的名字挂在嘴边，会使对方产生愉悦的感觉；如果能够进一步对对方的名字进行恰当的剖析，那就更加能够赢得对方的好感。

比如说，当遇到一个叫"建领"的朋友，你可以这样说："高屋建瓴，顺江而下，攻无不克，战无不胜，你的名字真是意味深远呀！"当面对一位叫"细生"的朋友，你可以随口吟出"随风潜入夜，润物细无声"。你还可以用一种算命者的口吻剖析对方姓名，引出大富大贵、前途无量之类的话。总之，适当地围绕对方的姓名来交谈不失为一种和陌生人"套近乎"的好方法。

套近乎是交际中与陌生人、尊长、上司等沟通情感的有效方式，使用恰到好处的语言和对方"套近乎"可以迅速地缩短双方的感情距离，但要注意选准角度、选好方式，才能自然而然地完成双方从陌生到熟悉的过渡。

幽默魅力术——用幽默打造你的人脉

一个人想要打造自己的人脉，就难免要进行人际交往，在这个时候，幽默就是最好的沟通方法。幽默是人们互相沟通、化解矛盾、拓展人脉的润滑剂。善用幽默可以减少人们交往中发生的摩擦，使人们之间的人际关系更加和谐。

有一个老将军，头顶毛发稀疏，在一次宴会中，一个年轻士兵不小心把酒泼到了他的头顶上。这事很尴尬，老将军若发怒，场面就会很不愉快；老将军若默不作声，场面也将会很难堪。

于是，老将军笑着拍拍士兵的肩膀说："小伙子，你认为这种治疗方法能让它长出头发来吗？"

于是，大家笑了起来。

正因为老将军这句话引得一片欢笑，重新恢复了活跃场面。如果这个老将军当场发怒，不但场面恢复不了原来的样子，恐怕以后对他个人的形象也不会太好。别人虽然在他的面前不会说什么，毕竟他是将军，可是，在背后就不一定了。老将军的做法不仅恢复了当时的欢乐场面，而且让别人觉得他非常幽默，更会觉得他很有素养，宰相肚里能撑船。

幽默在人际交往中，就像暖暖的春风，可以吹散人们心中的紧张，可以缓解人们内心的焦虑，缩短彼此间的距离，是胸襟豁达的表现，即使在不愉快中也能破除尴尬，制造出令人轻松愉悦的心情。

小丽是一家公司的公关部经理，人长得很漂亮。一天，经理让她和他一起去参加一个宴会，她到宴会上的时候，简直吸引住所有人的眼球。然而，发生一件不巧的事，有一个十分可爱的小女孩，在小丽拿起酒杯向别人敬酒时，不小心碰了她一下，酒恰巧洒在了她的那套洁白的套裙上。小女孩的父母看到了，立即过来向她道歉，小女孩看到父母着急的样子，很害怕，她害怕漂亮的阿姨会责怪她。小丽当时愣了一下，但随即笑着对小女孩的母亲说“没事的”，然后对着小女孩幽默地说：“阿姨这条白裙子洒了红酒就像开了一朵花一样，漂不漂亮啊？”小女孩睁着可爱的大眼睛说：“漂亮。”周围的人看了都松了一口气。

奥地利精神分析大师弗洛伊德讲过：“最幽默的人，是最能适应的人。”没错，在现实生活中，幽默的人总是能恰到好处地处理遇到的人际关系问题，使自己的人脉越来越丰富。

红梅和李清是多年的同事，两人隔桌而坐，情谊深厚，彼此都建立了良好的默契。尽管如此，也是难免发生冲突的，就像牙齿和舌头，有时难免也会出现问题。一次，为了处理老板交代的事情，两人有着不同的看法，在争执不下的情况下，她们居然发生严重的口角，彼此冷战，形同陌路。到了第三天，红梅实在忍受不了如此的工作气氛，为了打破僵局，于是在李清也在座位时，她就翻箱倒柜，把办公桌的抽屉全部打开来翻找一番，这时，李清终于开口说话：“喂，你把所有抽屉打开来，到底在找什么？”红梅看看李清，幽默地说：“我在找你的嘴巴和声音啦！你一直不跟我讲话，我怎么跟你讲话？”两人扑哧一笑，重归于好。

幽默可以让人放松心情，拉近彼此的距离。发生争执的时候，适时的幽默可以化干戈为玉帛。

俗话说：相逢一笑泯恩仇。幽默能在参与者之间产生一种强烈的伙伴感和一致对外的攻击性。幽默可以一下子拉近两个人之间的感情距离，因为一起笑的人表明他们之间已经有了共同的兴趣、爱好，这是建立人脉的很重要的一步。

1982 年秋天，我国作家蒋子龙到美国洛杉矶参加一次中美作家会议。在一次宴会上，美国诗人艾伦·金斯伯格请蒋子龙解个怪谜："把一只 5 斤重的鸡装进一只能装 1 斤水的瓶子里，你用什么办法把它拿出来？"

蒋子龙稍加思索，答道："您怎么放进去，我就怎么拿出来。您显然是凭嘴一说就把鸡装进了瓶子，那么我就用语言这个工具再把鸡拿出来。"

金斯伯格说道："您是第一个猜中这个谜的人。"

深受美国人民爱戴的林肯总统的容貌不佳，这本来是讨人喜欢的一个障碍。林肯认识到这一点，但并没有回避它，反而利用它拉近了与人们的距离。

一次，林肯的政敌说林肯是两面派。林肯以平和的态度说："现在，让听众来评评看，要是我有另一副面孔的话，我还会戴着这副难看的面孔吗？"

林肯用幽默显示了自己的达观态度，体现了他的真诚，赢得了人们的理解，更表露了人们所需要的人性和人情味。

幽默，是心灵沟通的艺术。人们凭借幽默的力量，打碎自己的外壳，主动地与人交往，触摸一颗颗隔膜的心，通过幽默使人们感受到你的坦白、诚恳与善意。

美国总统里根曾回到他的母校，在毕业典礼上致辞时，他嘲笑自己在学校的成绩。他说道："我返回此地只是为了清理我在学校体育馆里的柜子。但获此殊荣，我心情十分激动，因为我过去总认为只有得到第一名才是荣誉。"

这一番展示自己另一面的讲演，取得了很好的效果。

人是理性化的，所以处处都存着戒备之心；人是情绪化的，笑能够使人松弛神经，打开对方的心门。幽默可以帮你打造人脉。在当今社会中，有许多走红的主持人属于那种相貌平平的人，那么，为什么他们会如此受人欢迎呢？原因在于，他们主持节目时的轻松展现的幽默技巧弥补了外观条件的缺憾。还有一些平日沉默寡言而表情严肃的人，如果有一天，突然由他口中迸出一句令人喝彩的笑话，往往能打破与他人之间的隔阂，拉近彼此的关系。因此，你可以以幽默来打造你的人脉。

幽默脱困术——幽默是消除尴尬的灵药

在人际交往中，幽默的作用无疑就像湿润的细雨，可以冲淡紧张的气氛，缓解内心的焦虑，缩短彼此间的距离，是胸襟豁达的表现，即使在不愉快中也能沁人心脾。真正的幽默可引来会心的一笑，从而缓和令人十分尴尬的场面。

一次，当一位朋友来拜访林肯总统时，正有一队士兵在门外等候林肯训话。

林肯请这位朋友随他外出，并继续和他谈话。当他们行至回廊时，军队齐声欢呼起来。那位朋友这时本应该识趣地退开，但他并没有意识到这一点。于是，一位副官走到那人面前，嘱咐他退后几步。他这时才发现自己的失态，窘得满脸通红。但是，林肯却立即幽默地说："白兰德先生，你得知道他们也许分辨不出谁是总统呢！"在那难堪的一瞬间，林肯用他的机智十分巧妙地化解了这一窘迫的局面。

其实在生活当中，我们每个人都可以变得幽默一些，它并不是天才、高智商者、喜剧演员的专利品。当你在突然间或意外地陷入窘境时，不妨巧妙地来个幽默，换个新鲜角度欣赏事物，你便会轻松地摆脱窘境，轻而易举地走出苦恼与难堪。

国内一所大学邀请一位在美国的华裔教授做演讲，时间约定了。可是还剩下两天的时候，大学的学生会来了电话，希望更改时间。原因是在同一时间有一个青年歌手大奖赛，就在预订教授演讲的会场对面。但是教授的时间表已经排满，无法更改，对方又不愿取消，逼得教授只好按原定计划前往。

车子开进校门，远远看到外面围了一些人。可是会场里面的座位却空出近乎一半。这时，教授心里多少有一点发怵，教授的自尊心也是脆弱的，面对一半的空座位去演讲，该是多么尴尬的场面啊。这个时候，教授微笑着说："今天，我走进会场的时候，有一种感觉，那就是要特别感谢那些站在门口和走廊里的同学。因为他们是用躯体语言给我鼓气，宁愿站着，也要听我这个老头子讲完。而且，他们是经过慎重选择的：在老头子的美和少男少女的美之间，他们选择了老头子的美；在说的和唱的之间，他们选择了说的。因为他们相信：说的一定比唱的好听。"

哗……！教授的话还没说完，满场就沸腾起来。掌声像一位台湾诗人所写的那样："鸽群四起"。而那些站在门外的"动摇分子"，也笑着涌进了会场。一些被掌声和笑声吸引过来的大学生，只好挤在门外，有的都爬到了窗台上。

一种和谐的气氛形成了，台上和台下互相交流、互相鼓舞的语境被创造出来了。之后，哪怕是一举手，一投足，一扬眉，乃至一次偶然的口吃，都引起了热烈的掌声和笑声。

幽默可以巧妙地把陷自己于不利的因素，用一种荒诞又荒谬的逻辑歪曲成有利因素，机智地将自己从困境中解脱出来。

1944 年秋，艾森豪威尔亲临前线给第 29 步兵师的数百名官兵训话。当时，他站在一个泥泞的小山坡上讲话，讲完后转身走向吉普车时突然滑倒。原来肃静严整的队伍轰然大笑，士兵们不禁捧腹。面对突发情况，部队指挥官们十分尴尬，以为艾森豪威尔要耍脾气了。岂料，他却毫不介意地爬起来，幽默地说："从士兵们的笑声来看，可以肯定地说，我与士兵们的多次接触，这次是最成功的了。"

当人们叹服时，往往就会对你产生好感，也容易接受你的意见，所以在西方社会，幽默感被认为是一种杰出的能力。

一次，美国总统里根在白宫钢琴演奏会上讲话时，他夫人南希不小心连人带椅一起跌落到台下的地毯上。正讲话的里根看到夫人并没有受伤，便插入一句说道："亲爱的，我告诉过你，只有在我没有获得掌声的时候，你才应这样表演。"听了里根的话台下立即响起了一片热烈的掌声。

原本是一件令里根非常尴尬的事，在这时如果埋怨或者置之不理都会令人不快，不光是台下的人不快，也包括台上的人。而里根在社交的危难之时，运用幽默化险为夷，出奇制胜地获得了极佳的效果，显露出他的机智、豁达，拉近了和观众的距离，这是运用幽默进行社交的范例。

有人曾说："幽默是痛苦与欢乐交叉点上的产物。"这句话道出了幽默的内涵。以严肃的态度对待一切，而以轻松的态度对待自己，尤其是面对失败、挫折，面对生活中的种种不幸时，以幽默的态度一笑置之，那实在是一种君子坦荡荡的磊落襟怀。

赞美术——赞美是朵永不凋谢的花

在每个人的心中，都有爱听赞美话的天性，希望自己的真正价值被认可，尤其是希望得到朋友的认可。虽然处在极小的天地里，仍然希望自己是小天地里的重要人物，渴望对方发出诚挚的赞扬。鉴于此，我们不妨遵守人际交往的“黄金原则”——发自内心地称赞他人——满足他人人性的渴望。

1. 赞美的神奇效果

赞美是欣赏，是感谢，是朵永不凋谢的花，它给人的喜悦是无可比拟的。赞美的效果是非常神奇的，表现在以下五个方面：

（1）缓和矛盾。有人的地方，就会有矛盾，不论是同事、邻里还是朋友，甚至连夫妻也不例外。一旦有了纷争，即使认为自己一方占理，也要避免过分地数落、指责对方。这个时候，最好的方式是使用调侃、幽默的赞美语言，浇灭对方的怒火，达到释疑解纷的效果。

有一位妻子虚荣心比较重，当夫妻商量出席友人婚礼时，她缠着丈夫要买一种昂贵的花帽。此时正值夫妻两人闹“经济危机”，丈夫自然不肯答应花这笔钱。争吵中，妻子赌气说：“人家小方和小刘的爱人多大方，早就给自己的夫人买了这种花帽，哪像你，小气鬼！”丈夫不愿争论，只是故意夸张地说：“可是，她们两个有你这样漂亮吗？我敢说，她们若有你这样美，根本就不用买帽子打扮了，是吧？”妻子一听丈夫的赞语，不觉转怒为笑，一场争吵也随之平息了。

（2）催人奋进。人得到赞美，其喜悦心情固然无可比拟，但更重要的是随之催生出的精神力量是巨大的。它能够激发人的积极性和创造性，增加人们克服困难的勇气，甚至使人创造出种种奇迹来。

有甲乙两个猎人，各猎得两只野兔。甲猎人的妻子看见冷冷地说："只打到了两只吗？"甲猎人心中不悦，"你以为很容易打到吗？"他心里如此埋怨着。第二天他故意空手回家，让妻子知道打猎是件不容易的事情。乙猎人所遇则恰好相反。他的妻子看见他带回了两只野兔，欢天喜地地说："你竟打了两只？"乙猎人听了心中喜悦，"两只算得了什么！"他有点骄傲地回答他的妻子。第二天，他打回了四只野兔！这就是赞美的力量。

（3）给人信心。多年前，一个孩子在伦敦的一家布店当店员，早上五点钟他就要起床，打扫全店，每天干十几个小时的活，过的简直是苦工、奴隶一样的生活。两年后，男孩再也不愿忍受了，一天早晨起床后，男孩顾不得吃早餐，跑了13里路，去找他在别人家里当管家的妈妈商量。他一边哭泣，一边发狂地向妈妈请求不要让他再做那份工作了，并发誓，如果再留在那店里，他就要自杀。而后，他又给老校长写了一封悲惨的信，说他心已破碎，不愿再忍辱偷生。他的老校长看信后，诚恳地对他说，你实在是很聪明，应该去做更好的工作，并给了他一个教员的位置。从此，这个赞美改变了那个孩子的未来。那个孩子后来成为一位在英国文学史上颇有建树的作家，他的名字叫作韦尔斯。称赞一个最微小的进步或一个最平凡的美德，你就可能为别人开启一扇通向美好生活的大门。

（4）遂己心愿。有一位美国的老妇人向史蒂夫·哈维卖保险。她带来了一份全年的哈维主编的杂志《希尔的黄金定律》，并滔滔不绝地向他谈她读杂志的感受，赞誉他"所从事的，是今天世界上任何人都比不上的最美好的工作”。她迷人的谈话将哈维迷惑了75分钟，直到访问的最后五分钟，她才巧妙地介绍了自己此次拜访的目的。就这样，老妇人成交了超过预期保险金额五倍的保险业务。

（5）摆脱纠缠。有一位白领女性，相貌出众，在某家公司负责产品销售策划。一次下班后，公司经理主动邀请她：“小姐，晚上陪我吃夜宵好吗？”她不得不按时赴约。见面后，经理大献殷勤。两人边吃边谈，女子认真诚恳地向他请教公司的发展计划，并不时赞美经理，称他是一位有修养、有气质、讲信用、受人尊敬的现代企业家。经理颇为得意，故作谦虚道：“你过奖了。”临别时经理握住女子的手，郑重地说：“你是个自尊自爱的女子！我心里会永远记得你这样完美的女孩形象。”

2. 赞美的方式

仔细观察周围的人我们会发现，大家或多或少都在说着赞美别人的话，只不过每个人的赞美方式各不相同而已。赞美主要有以下四种方式：

（1）直接式赞美。赞美他人最常见的方式就是直接赞美。特别是上级对下级、老师对学生、长辈对晚辈，它的特点是及时、直接。被誉为“近代物理学之父”的爱因斯坦平日酷爱音乐，喜欢弹钢琴，擅长拉小提琴。有一年，他应邀到比利时访问，比利时国王和王后都是他的朋友，王后也是一个音乐迷，会拉小提琴。爱因斯坦和王后在一起合奏弦乐四重奏，合作得非常成功。爱因斯坦对王后说：“您拉得太好了！说真的，您完全可以不要王后这个头衔。”听了爱因斯坦的赞美，王后为此很是兴奋了一阵。

（2）间接式赞美。在日常生活中，如果我们想赞美一个人，又不便对他当面说出或没有机会向他当面说出时，我们可以在他的朋友或同事面前，适时地赞美他一番，这样收到的效果会更好。

美国南北战争开始时，北方联军连吃败仗。后来林肯大胆地起用了格兰特将军，此人出身平民，衣着不整，言语粗俗，行为莽撞，有人还说他是个酒鬼。林肯的任命传出之后，遭到了许多人的抵制和反对，甚至有人要求林肯撤掉格兰特的军职，其理由是他喝酒太多。林肯则不以为然，他赞扬格兰特说："格兰特总是打胜仗，要是我知道他喝的是哪种酒，我一定要把那种酒送给别的将军喝。"最后，格兰特没有辜负林肯的信任，为结束南北战争立下了赫赫战功，证明了自己的能力，也证明了林肯的眼光。

（3）意外式赞美。出乎意料的赞美，会格外令人惊喜。卡耐基在《人性的弱点》中写了一个他曾经历过的故事：一天，他去邮局寄挂号信，办事员服务态度很差，很不耐烦。当卡耐基把信件递给她称重时，他说："真希望我也有你这样美丽的头发。"闻听此言，办事员惊讶地看着卡耐基，脸上马上露出了微笑，服务也变得热情多了。

（4）激情式赞美。人，总是喜欢被赞美。无论是咿呀学语的孩子，还是白发苍苍的老翁，任何人在任何时候都有一种被人肯定、被人赞美的强烈愿望。恋人之间尤其需要赞美，赞美既是获取爱情的催熟剂，又是缓和矛盾的润滑剂，还是保持感情的稳定剂。

情人眼里出西施，在拿破仑眼中，他的妻子约瑟芬是天下最有魅力的女人，他用尽了一切华美的、无与伦比的词语去赞美她。拿破仑在行军中给约瑟芬写信说："我从没想到过任何别的女人，在我看来，她们都没有风度，不美，不机敏！你，只有你能够吸引我，你占有了我整个心灵。”他有一次甚至在约瑟芬耳边以哀求的语气说：“啊！我祈求你，让我看看你的缺点吧！请不要那么漂亮、那么优雅、那么温柔和那么善良吧，尤其是再不要哭泣，你的泪水卷走了我的理智，点燃了我的血液。”

第二章

避免冲突的说话应变术

生活中许多的事情往往容易引起争辩，然而这种争辩很容易在人与人之间激发矛盾与冲突，造成不必要的疑虑和误会。因此一个人要想成就一番事业，享受幸福的人生，就必须学会灵活运用得体的语言，想方设法避免不必要的冲突和矛盾，千方百计地消除各种矛盾，使自己有一个宽松、和谐的工作和生活环境。

答非所问术——答非所问避开锋芒

“问”有艺术，“答”也有技巧。问得不当，不利于谈判；答得不好，同样也会使自己陷入被动。在谈判中，回答问题不是一件容易的事，因为，谈判者不但要根据对方的提问来回答，并且还要把问题尽可能地讲清楚。而且，谈判者对自己回答的每句话都负有责任，因为对方可能把回答理所当然地认为是一种承诺。这就给回答问题的人带来了一定的压力。因此，一个谈判者水平的高低很大程度上取决于他回答问题的水平。

在谈判中，谈判者可以运用“答非所问”的幽默技巧巧妙扭转不利的局势。答非所问指答话者故意偏离逻辑规则，不直接回答对方提问，而是在形式上响应对方问话，通过有意的错位造成幽默效果。答非所问并不是逻辑上的混乱，而是用假装错误的形式，幽默地表达潜在的意思。

有个爱缠人的先生盯着小仲马问：“您最近在做些什么？”

小仲马平静地答道：“难道您没看见？我正在蓄络腮胡子。”

那位先生问的是小仲马近来做了哪些重要的事情。小仲马自然是懂得对方问话意思的，但他偏偏答非所问，用幽默暗示那位先生：不要再纠缠了。小仲马故意把蓄胡子当作极重要的事情，显然与问话目的不相符合。他表面上好像是在回答那位先生，其实并没给他什么有用的信息。在谈判中利用这种幽默技巧也能起到让对方摸不清自己虚实的作用，从而赢得谈判的主动权。

答非所问很讲究技巧，抓住表面上某种形式上的关联，不留痕迹地闪避实质层面，有意识地中断对话的连续性，求得出其不意的表达，幽默旨在另起新灶，跳出被动局面的困扰。

在一次联合国会议休息时，一位发达国家外交官问一位非洲国家大使：“贵国的死亡率一定不低吧？”非洲大使答道：“跟贵国一样，每人死一次。”

外交官的问话是对整个国家而言，是通过对非洲落后面貌的讽刺来进行挑衅。大使没有理会外交官问话的要害点，而故意将死亡率针对每个人，颇具匠心的回答，营造出别样的幽默效果，有效地回敬了外交官的傲慢，维护了本国尊严。

在现实生活中，人们在进行交谈时，经常会碰到一些自己不能回答或不便回答但又不能拒而不答的问题，这时，可以用闪避的语言巧妙地回避问题。

闪避是言语交际中从礼貌的角度出发的做法，它的要求是：对别人所问，应当回答，但答要答得巧妙，迂回地达到躲闪、回避别人问话的目的。既要让别人不致难堪下不了台，又要维护自己不能答、不便答的原则。

阿根廷著名的足球运动员迪戈·马拉多纳在与英格兰球队相遇时，踢进的第一球是颇具争议的“问题球”。据说墨西哥一位记者曾拍下了“用手拍入”的镜头。

当记者问马拉多纳，那个球是手球还是头球时，马拉多纳机敏地回答说：“手球一半是迪戈的，头球有一半是马拉多纳的。”马拉多纳的回答颇具心计，倘若他直言不讳地承认“确系如此”，那么对裁判的有效判决无疑是“恩将仇报”。但如果不承认，又有失“世界最佳球员”的风度。而这妙不可言的“一半”与“一半”，等于既承认了球是手臂撞入的，颇有“明人不做暗事”的大将气概，又在规则上肯定了裁判的权威，亦展现出了君子风度。

总之，在日常言谈中，由于双方在表达与理解上的不一致，错误理解对方讲话意思的事情是经常发生的。当对方对你的答复做了错误的理解，而这种理解又有利于你时，你不必去更正和解释，而应该幽默地将错就错，因势利导。总之，日常言谈中的应答技巧不在于问题回答得“对”或“错”，而在于应该说什么和如何说，怎么更好地处理突发情况。

分寸术——把握说话的火候

把握说话的火候，就是要把握说话的分寸，说话的分寸拿捏得好，很普通的一句话，也会平添几许分量。而说话的分寸取决于你谈话的对象、话题和语境等诸多因素。换句话说，要在不同的场合把握不同的分寸。

在职场中，如何与上司良好沟通是人际关系中一门重要的学问，许多职场中人就是因为没有把握好在上司面前说话的火候，以至于事业停滞不前，前程一片黑暗。虽说不能在上司面前卑躬屈膝、畏畏缩缩，但上司毕竟不像一般同事，说话不能太无所顾忌、有什么说什么。与上司相处，不管是平时说话交谈，还是汇报情况，都要多加注意。只要能在沟通技巧与说话方法上多加把握，就能避免很多不必要的麻烦。这些话你曾说过吗?

“无所谓，都行！”这句话会让上司认为你没有工作热情，工作态度不严肃。

“这您都不清楚？”这句话就是对熟悉的朋友也会造成很大的伤害，对上司说这样的话，后果可想而知。

“你来办这件事吧。”这句话本来应该是上级对下级表示慰问或犒劳时说的，下级如果对上级这样说，请先想想自己的位置有没有摆正吧。

“太晚了！”这句话的意思是嫌上司动作太慢，以至于快要误事了。在上司听来，会觉得充满了“干吗不早点”的责备意味，你看这话能说吗？

“这事我办不了！”上司分配工作任务下来，而下级却说“办不了”，这样会让上司下不了台。这话可以从两个角度去分析：如果你办得了，那就是你推卸责任，不支持上司工作；如果你真的办不了，那就是上司选人眼光有问题，不能知人善任。所以，这话怎么想怎么尴尬。

在上司面前说话还真的有些不容易，职场中的朋友一定要小心为上，三思而后说。一旦我们把握好了与上司说话的火候，自然就能赢得上司的好印象，前程与事业上的一些难题，自然会迎刃而解。

不小心说错了话该如何补救呢？在上司面前说错了话，一旦反应过来，要立即就此打住，马上道歉。不要因害怕而回避，应面对事实，尽量避免伤害对方的人格和面子，必要时可以再进行说明，而不必要的辩解只会越描越黑。

不仅在职场中说话要小心斟酌，在商场中更应该把握说话的分寸。如今是一个市场竞争十分激烈的时代，商业战争是一场没有硝烟的战争。它和真正的战争一样，也有险恶、诡秘、尔虞我诈等特点。在这场战争中如果不讲究说话的分寸，一味地追求直率与坦诚，抱着一种毫无保留地与对方心心相印的态度，以致完全沟通的幻想。其结果是可想而知的，一定会造成重大失误而追悔莫及。

把握好说话的分寸，也就是要言之有度，其反面是言谈失度，什么叫作“失度”呢？一般说来，对人出言不逊，或当着众人之面揭别人的短处，或该说的没说，不该说的却都说了。这些都是“失度”的表现。要想成为成功的商业精英，就应该掌握说话的分寸，切忌言谈失度。以下这些内容在社会交往中是切忌谈到的：

（1）健康状况。如果是和十分亲密的人交谈，这种情况不在此列。

（2）有争议性的话题。除非很清楚对方的立场，否则应避免谈到具有争议性的敏感话题，如宗教、政治、党派等易引起双方芥蒂或对立僵持的话题。

（3）他人的隐私。有关年龄、衣饰的价格、薪酬等涉及隐私的话题不要提及，否则容易引起他人反感。

（4）个人的不幸。不要和别人提起自己所遭受的伤害，例如离婚或是家人去世等。当然，若是对方主动提起，则要表现出同情并耐心听他诉说，但不要为了满足自己的好奇心而追问不休。

（5）老生常谈或过时的话题。那些过时了的话题犹如明日黄花，丝毫不会引起听者的兴趣。

（6）一些不同品位的故事。一些庸俗的笑话在密友之间说可能很有趣，但在大庭广众之下说，效果就不好了，容易引起他人的尴尬和反感。

（7）不实的谣言。工作、生活当中会从不同途径接收到各种形形色色的所谓“内部消息”和八卦传闻，当你要开始转述这些话之前请慎重地思考一下。无论是无中生有的，还是可能确有其事的，你一旦成为传播链上的一环，就会永远给别人留下多嘴多舌、守不住秘密的印象。

在人际交往中，谈话要有分寸，认清自己的身份。适当考虑措辞，认真斟酌哪些话该说、哪些话不该说和应该怎样说，宁可不说不可多说，只有这样才能获得更好的交谈效果。

回避术——回避冲突营造和谐

在日常交往中，无论是亲朋好友之间还是邻里同事之间都不可避免地会产生矛盾与冲突。面对这种情况，为了不使矛盾更加激化，不让双方尴尬，我们必须采取一定的技巧去回避，从而使彼此的关系更加和谐。

一位刚来学校实习的老师上第一堂课，刚在黑板上写了几个字，学生中就有人叫了起来：

“老师的字比我们李老师的字好看！”

真是语惊四座，童言无忌的学生哪能想到，此时后排的班主任李老师该多么尴尬！对这位实习生来说，初上岗位，就碰到这般让人难堪的场面，的确使人头疼。以后该怎样同李老师相处呢？怎么办？转过身来谦虚几句，行吗？不行！这位实习生灵机一动，装作没有听到，继续写了几个字，头也不回地说：“不安安静静地看课文，是谁在下边大声喧哗！”

此语一出，后排李老师紧张、尴尬的神情顿时轻松多了——尴尬局面也随之消除。

这里的实习老师巧妙地运用了“装作不知道”的技巧，避实就虚，避开“称赞”这一实体，装作没有听清楚，而攻击“喧闹”这一虚象。既巧妙地告诉那位班主任“我根本没有听到”，又敲打了那位学生的称赞兴致，避免了学生误认为老师没有听见再称赞几句的可能性，防止了尴尬局面的再发展。

和谐的人际关系需要人们去刻意地回避一些不必要的冲突。与我们一起相处的人，因为年龄、性别、性格不同，经历各异，随时都会有矛盾和纠纷产生。一遇到事情就抬杠争吵，小题大做，甚至大打出手，这不但不利于解决问题，不利于化解矛盾，更不利于自己的身心健康。

连类比物术——由此及彼巧说服

连类比物，是指说到某一事物就可以由此及彼，了解同类事物。说服者由于不便直说本意，就编造或借用一些小故事来寄托本意。

秦国和楚国的关系恶化后，楚国的左尹郤恶逃到了秦国，大说楚国的坏话，秦王听了很高兴，想任命郤恶为秦国大夫。陈轸进谏秦王说：我家乡有个离婚的妇人嫁了个丈夫，整天在后夫面前说前夫的坏话，还一派扬扬得意的样子。后来，后夫也不喜欢她了，她又嫁给住在城南的一个外地人，又像先前一样讲第二个丈夫的坏话。这个外地人便把这事告诉第二个丈夫，第二个丈夫笑笑说，她跟你说的这席话，就是她原来在我面前讲她第一个丈夫的那些坏话。现在左尹郤恶从楚国逃来，竭力说楚国的坏话，如果有朝一日他又得罪了大王而逃到别的国家，他就会用败坏楚国的那些坏话来败坏大王你呀！秦王听了陈轸这番话，便决定不用郤恶了。

连类比物，触类旁通。说服者所“连”故事之“类”，来自各种渠道，有的已流传民间，说者当场信手拈来，有的是乘时乘势，酌情编造。尽管故事内容千奇百怪，情节活灵活现，表述娓娓动听，宗旨却只有一个，就是吸引、打动被说服者，让其由此及彼，领会故事之外的真意。

秦武王在张仪游说齐、赵、燕归顺秦国后，拜甘茂为左丞相，樗里疾为右丞相。一天，秦武王与两位丞相计议攻打韩国，但又担心魏、赵发兵援韩，于是决定让甘茂出使魏国，游说魏和秦联合伐韩。甘茂忧虑自己走后，樗里疾会在秦武王面前说自己的坏话，临行前在息壤给秦武王讲了一则类似于“三人成虎”的故事，给君王敲个警钟。

甘茂说：从前有个和孔子门徒曾参同名的人跟别人打架，杀了人，有人跑到曾参母亲那里对她说：“曾参杀人啦！”曾母正在织绢，听见这话毫无所动，说：“我的儿子不会杀人的。”

过了一会又来了个人对她说，“曾参杀人啦！”曾母依然镇静自若。第三个人跑来告诉她，“曾参杀人啦！”曾母沉不住气了，扔下梭子慌慌张张地躲了起来。甘茂讲到这里，换了口气说：“大王请想想，曾参是圣人门生，是贤人，他的母亲对他非常信任，可是三个人都说他杀了人，他的母亲居然起了疑心。我自知比不上曾参，大王也不见得像曾母相信儿子那样相信我，可是说我坏话的人不止三人，万一大王也轻信怎么办？”

秦武王听了恍然大悟，表示不会听信谗言。不久，甘茂领兵六万，攻打宜阳五个月不克。樗里疾对秦武王说：“五个月还打不下来，怕有变故，调甘茂回来算了。”秦武王于是下令甘茂撤兵。甘茂回信一封只写“息壤”二字，秦武王猛然想起甘茂讲的曾参典故，不再疑心，于是又增兵五万，甘茂终于攻陷了宜阳。

从以上这些说服事例中，我们不难发现：说服者无论讲述现实故事，还是非现实故事，都是短小精悍、蓄意深沉，而且听来饶有兴趣。同时故事内容与言谏本意扣得很紧，并以易喻难，以异显同，通俗易懂，让人乐意接受。说服者往往是先说故事，后露本意，故事是本意的铺垫和流露，而本意又是故事含义的集中概括，二者相辅相成，自然和谐，毫无矫揉造作之意。

求同存异术——存小异以求大同

求同存异，在人际交往中是不可忽视的一个重要原则。人与人之间，由于政治见解、宗教信仰、社会地位、个人性格等方面都或多或少地存在着差异，所以完全的趋同几乎是不可能的。但是，通过一方或者双方的让步，在细节问题上不予追究（存小异），取得原则、方向问题上的一致或基本一致（求大同），却是可以实现的。

要建立人与人之间的友谊，就必须先找出双方的共同点，并以此共同点为中心，建立更进一步的关系，这是人类的普遍心理。只要找到彼此共同点而加以扩大，无论对方多么顽固强硬，也终能说服成功。

譬如一对初识的男女，男方深被女方的外表仪态吸引，欲进一步建立朋友关系。在倾谈中，他必会尽量找出彼此的共同兴趣，挖掘双方均有兴趣的话题。通过这些共同点，使女方对他产生深刻印象，从而使关系渐趋亲密。

在找出这个共同点后，更要刻意强调。例如与对方谈话时，只要他有一丁点儿意见与自己是相同的，也应立刻说：“对，对，我非常同意。”或在谈话中刻意反复强调此共同点。总之，要让对方意识到彼此是意见一致的。

如果对方态度相当强硬，不妨说：“照你的说法，我们的意见确实根本不同。但我相信我们都希望将问题解决，这点应该是相同的，是吗？我们何不深入一点再找出大家的共同点呢？”这样不断地重复“双方具有共同点”，对方强硬的立场就会逐步软化。

在求大同存小异方面，我们有一个非常好的范例可以提供给大家，这个范例的主人公，就是大家非常敬仰和爱戴的周恩来总理。

1936年“西安事变”爆发，某些爱国军官情绪激动，坚决主张把蒋介石杀掉。周恩来同志受党中央委托，亲赴西安，力求和平解决此事。面对那些异常愤怒、言辞激烈的军官们，周恩来同志劈头就一句：

“杀他还不容易，一句话就行了！”这话不同寻常，尖锐泼辣，引人深思。如此振聋发聩的一句话，立刻使愤激的人们平静了。

“可是，杀了他以后怎么办呢？局势会怎样呢？日本人会怎样？国家和民族的前途会怎样？各位想过吗？”

周恩来同志连发五个问题，步步紧逼，把军官们问住了。是呀，这些问题确实没有好好想过。杀了蒋介石以后怎么办呢？大家陷入了沉思。这时，周恩来同志抓住时机，深入一步做正面分析：“现在呢，虽然捉了蒋介石，可并没有消灭他的力量，在全国人民抗日高潮的推动下，加上英美也主张和平解决西安事变，所以迫蒋抗日是可能的。我们要爱国，要从国家的、民族的利益考虑，不计较个人的私仇。”

这段话清楚明快，分析透彻：先讲了西安事变的性质，再讲了目前形势，最后提出我们考虑问题的基本原则。那些坚决主张杀蒋的军官听得心悦诚服。

求同存异的一个基本点，就是要设法找出并夸大双方的共同点。

欲使初次见面的人与你亲近，最好的方法就是找出两人的共同点，即使是很小的共同点也无所谓，共同点越多双方的距离就会越近，如此一来，事情就好办多了。

所谓好的交际对象，必定是双方有许多的共同点，共同点越多，两人的感情也越显得密不可分。对方即使是很顽固的人，也会很容易被说服，或许开始时双方只有一个共同点。但不能就此满足，而必须继续找出更多的共同点。并且不断地将它们反复提出，这样对你的说服工作会更有助益。

若是还无法将他说服，不妨再试试另一种说法："依你说的话，我们两人之间似乎没有什么共同点。但我认为我们还是有一个共同点，那就是我们双方都有解决这个问题的热忱。既然如此，我们不妨继续努力，一定可以寻出其他的共同点。"你只要一再地强调共同点，双方自然而然就会慢慢地开启心扉。

为了使他有更深刻的感觉，你必须一再地重复这些共同点，即使看起来毫无意义，例如：同校的毕业生、同一老师教过、去过相同的地方、同样是工薪阶层等，但是却能有料想不到的效果。

人，或多或少会存有"趋同"的心理，如模仿、随大流等，看见别人做，自己也想跟进。所以，当你要说服别人时，千万注意，尽量使用"我们""我们大家"这类具有趋同性的字眼。

由于每个人的内心都存有或多或少潜在的自我意识，所以都不愿受到他人的束缚。如果别人认为你是在说服他时，他的自我意识就会变得更为强烈，从而更不易与你妥协。即使你说得天花乱坠、头头是道，在他看来你只是在为你自己的个人利益表演的一场演说而已，更别谈听取高见了。

如果此时你能使用"我们"这一字眼，会立刻使人认为你我就是一体的，是休戚与共的。于是原本牢固的防御堡垒也终会被攻破，而在不知不觉中上了你的"圈套"。对于自我意识强者，更可以利用这种方式与他接近。尤其是男女朋友之间的交往，更需注意尽量不说“我和你”，而是使用“我们两人”，让对方更能产生“你、我是一体”的共同意识。总而言之，自我意识人人有之，当你想说服他人时，千万别忘了使用“我们”这一字眼。

曲意服从术——曲意服从巧辩解

被人冤枉时，很多人会据理力争，誓死为自己讨个说法。这种精神是可嘉的，但策略有时却未必可取。

现实生活是很复杂的，有时据理力争，只会让事情更加混乱，结果吃亏的还是自己。因此，我们应该学会用曲意服从的方法，从侧面对掌握着事态发展方向的人进行说服，让对方通过思考了解事情的真相。

齐国有一个人得罪了齐景公，齐景公大怒，命人将这个胆大包天的人绑在了殿下，要召集左右武士来肢解这个人。为了防止别人干预此事，他下令：“有敢于劝谏者，也定斩不饶。”文武百官见国王发了这么大的火，谁还敢上前自讨杀头之祸呢！晏子见武士们要将那人杀头肢解，急忙上前说：“让我先试一刀。”众人都觉得十分奇怪：晏相国平时是从不亲手杀人的，今天怎么啦？只见晏子左手抓着那个人的头，右手磨着刀，突然仰面向坐在一旁的齐景公问道：“古代贤明的君主要肢解人，你知道是从哪里开始下刀的吗？”齐景公听之大悟，赶忙离开坐席，一边摇手一边说：“别动手，别动手，把这人放了吧，过错在寡人。”那个人早已吓得半死，等他从惊悸中恢复过来，真不敢相信头还在自己脖子上，连忙向晏子磕了三个大响头，以表他对自己的救命之恩。

在这里，晏子并没有直接去劝谏齐景公去赦免那个人的死罪，而是先服从了景公的意思，拿起刀准备肢解，而后又委婉地问了景公一句“古代贤明的君主……”让齐景公自己从中醒悟，从而达到了救人的目的。

受传统思想的影响，很多人都认为“有理走遍天下”“有理不在声高”，事实上，这些做法有时是行不通的。自己知道自己有理是没用的，关键是你采用什么样的方式，让别人也接受你的“理”，让别人也认为你有“理”，这才算真本事。

示弱术——以示弱赢得对方的同情

恻隐之心，人皆有之。人们总是习惯于同情弱者，所以，有些时候，适当地向对方“示弱”，说“软话”，说不定更能打动对方的心。

在中国古代历史上，宦官专权的事例屡见不鲜。西汉时，汉元帝宠信宦官石显，封他为中书令，朝政大小事务由他裁决。而石显精于算计，他时刻担心着周围的人向皇帝说自己的坏话，对自己不利，于是想方设法向皇帝表示他的忠诚，让皇上相信他是无辜的。

一次，石显被派往各宫去办事。他觉得这是一个检验周围人对他态度的大好时机，于是向皇帝奏请说，他担心事情办完之后时间太晚，未央宫宫门被关闭而进不来，请求皇上下诏，让门卫给他留门。皇帝当即给各宫门卫下达了口谕。

办完事后，石显故意拖延时间，四处磨蹭，直到半夜才回来。后来，果然有人上书告发石显，说他矫诏擅自开启宫门。

皇帝看后，笑着把那封揭发信给石显看。石显流着泪，显出一副无辜的样子说："陛下明鉴，您非常信任我，经常让我去各宫办事，于是不免有人忌妒我，总想抓住一些机会陷害我。这样的揭发信不会只有一封，以后可能还会有。对于这种捕风捉影的话，只有靠圣明的皇上您明察了。微臣出身寒门，确实不能以区区一身让大家都满意，不能禁受住天下之怨。我愿意辞去现在的官职，接受后宫洒扫除垢的差遣，以表明我对陛下的忠诚之心，死而无恨。只希望陛下能相信我。"

汉元帝觉得他语出于情，于是被感动了，更加相信他。不但不让他辞官，反而多次加以慰劳勉励，让他好好干，给了他比以往更多的恩赐。从此以后，石显更加荣耀起来。

在这里，石显就是因为巧妙地扮演了一个弱者，激起了汉元帝的恻隐之心，从而达到了让皇上相信自己的目的。

在办事的过程中，眼泪也是一种武器，这种武器能攻克铁石心肠的堡垒。如果在办事的时候遇到困难，不妨试试眼泪这种温柔的武器，相信你一定会成功的。

台阶术——为对方找个台阶下

许多人把面子看得比什么都重，所以，谈话有技巧者在说服别人的时候，懂得给人留面子，在必要的时刻给对方一个台阶下。给人一个台阶，往往会赢得友谊，得到信任，甚至可以为自己带来意想不到的收获。

一天上午，一位美国人突然气势汹汹地闯进上海某饭店的经理室："你就是经理吗？我刚才在大门口滑倒摔伤了腰。地板这么滑，连个防滑措施都没有，太危险了！马上领我到医务室去。"

见此情形，经理很客气地说："这实在抱歉得很，腰部不要紧吧？马上就领您到医务室，请您稍坐一下。"

美国人坐在椅子上，继续不停抱怨。饭店经理见对方情绪已经稳定下来，便温和地说："请您换上这双鞋，已和医务室联系好了，现在我就领您去。"

早在美国人闯进来时，经理已经看清他的腰部没有多大问题。所以当美国人离开经理室后，经理就把换下的鞋悄悄交给一位服务员说："这双鞋后跟已经磨薄了，在我们从医务室回来以前把它送到楼下修鞋处换上橡胶后跟。"

检查结果果如经理所料，未发现任何异常，美国人也完全冷静下来，随后他们一同回到经理室。经理说："没异常比什么都好，我就放心了。请喝杯茶吧！"美国人也感到自己方才太冒失了："地板太滑，对顾客来说十分危险，我只是想让你们注意一下，别无他意。"经理微笑着说："很冒昧，我们刚才擅自修理了您的鞋，据鞋匠说，是后跟磨薄才致打滑。"

这位美国人接过刚刚修好的鞋，看到正合适的橡胶鞋跟时，对经理的体贴和周到的服务大为惊讶，便高兴地说道："经理，实在谢谢你的厚意，对您给予的关怀照顾我是不会忘记的。"于是，愉快地握手后，美国人再次向经理道谢，并表示只要他以后再到上海，必定住进这个饭店并到经理室致意。

这位美国人最后之所以能够满意离去，就在于这位经理能够在抱怨面前保持理智、顺着对方意见，并用柔和的语言和切实的行动把这位美国人的怨气化解于无形之中，从而制止了事态的扩大。

古语云：人非圣贤，孰能无过。人难免因一时糊涂做一些不适当的事。遇到这种情况，就需要把握指责别人的分寸，既要指出对方的错误，又要适可而止，保留对方的面子。这种情况下，如果分寸把握不当，难免会使对方难堪，从而破坏了双方协商的气氛和基础，给自己造成不必要的损失，有时甚至会带来一系列严重的后果。

人们都有一时冲动，做错事、说错话，得罪人的时候，如果你以牙还牙只会使事态变得更严重。不妨给对方一个台阶下，反而能使对方产生愧疚感，自动改正错误，悄然达到说服他的目的。

委婉劝诫术——委婉劝诫曲径通幽

在与人交流中，沟通双方的言辞并非永远都要剑拔弩张、锋芒毕露、直截了当。有时需委婉含蓄、旁敲侧击，可谓直道好跑马，曲径可通幽，各有妙处。有时候，用动听入耳的言辞、温和委婉的语气、平易近人的态度、曲折隐晦的暗语，更能使对方理解自己、信任自己，从而达到说服的目的。在某些特定的场合，使用委婉曲折的方式，更能产生出奇制胜的效果。

小李自毕业以来，总因与同事合不来而频频跳槽。父亲看到儿子这样跳来跳去，终于按捺不住了，他问小李："你听说过一个猫头鹰的故事吗？"

小李摇摇头，不解其意。父亲又问："你想听吗？"小李点了点头。于是，父亲就给小李讲了个猫头鹰的故事。

从前，有一只猫头鹰匆匆忙忙地向东边飞行，累了，便停在树林里歇息。正好一只斑鸠也在那里，看见猫头鹰呼哧呼哧地喘粗气，便问："猫头鹰大哥，你这是到哪里去？"猫头鹰说："我要搬到东边去。"斑鸠连忙追问："为什么？"猫头鹰委屈地说："斑鸠老弟，你不知道，西边的人都讨厌我，说我的叫声难听，我住不下去了，只好搬走。”斑鸠说：“大哥，依我看，搬家也不能解决问题。”猫头鹰听后，大惑不解地问：“何以见得？”斑鸠说：“这还不明白吗？你难听的叫声没有变，东边的人照样也会讨厌你的。”

讲完故事，父亲问：“你觉得换一份新工作，换一个新环境，就能换来好的人际关系吗？”

小李顿时语塞，父亲继续说：“猫头鹰如果不改变自己难听的叫声，它搬到任何地方去，都会不受欢迎。一个人若不改变自己身上那些令人讨厌的特性，比如懒惰散漫、任性蛮缠、自私冷漠，那么他也会像这猫头鹰一样，走到哪儿都令人讨厌！”

父亲一番话说得小李无言以对，同时也明白有些事情要寻找自身的原因，不能一味地将过错推诿在别人身上。在这里，小李的父亲就是用委婉的方式劝诫小李，从而达到了良好的沟通效果。

先行自责术——主动自责会收到意想不到的效果

卡耐基常常带一只叫雷斯的小猎狗到公园散步。因为他们在公园里很少碰到人，又因为这条狗友善从不伤人，所以，他常常不给雷斯系狗链或戴口罩。

有一天，他们在公园遇见一位骑马的警察。警察严厉地说：“你为什么让你的狗跑来跑去，而不给它系上链子或戴上口罩？你难道不知道这是犯法的吗？”

“是的，我知道。”卡耐基低声地说，“不过，我认为它不至于在这儿咬人。”

“你不认为，你不认为！法律是不管你怎么认为的。它可能在这里咬死松鼠，或咬伤小孩。这次我不追究，假如下次再被我碰上，你就必须跟法官解释了。”

卡耐基的确照办了。可是，他的雷斯不喜欢戴口罩，他也不喜欢它那样。一天下午，他和雷斯正在一座小山坡上赛跑，突然，他又看见那个警察正骑在一匹红棕色的马上过来了。

卡耐基想，这下栽了！他决定不等警察开口就先发制人。他说：“先生，这下您当场逮到我了。我有罪。您上星期警告过我，若是再带小狗出来而不替它戴口罩，您就要罚我。”

“好说，好说，”警察回答的声调很柔和，“我知道在没人的时候，谁都忍不住要带这样的小狗出来溜达。”

“的确忍不住，”卡耐基说道，“但这是违法的。”

“哦，你大概把事情看得太严重了。”警察说，“我们这样吧，你只要让它跑过小山，到我看不到的地方，事情就算了。”

在这里，卡耐基为了免于被责，用的是“先行自责”的技巧，使警察觉得自己受到尊重，从而表现出宽容的态度。

为了尽可能地减少与别人之间的矛盾，卡耐基主张：要善于自我检讨，而且，错了就立即承认！

画家弗迪南德·沃伦也是采用这种方法，使买他画的人无法与之争辩，并最终由愤怒、不满变得宽容大度。

画广告画和为出版社画画，要求准确、认真，这一点很重要。因此，当有些编辑要求画家按他的意图马上创作一幅画时，作品的质量就很难保证，因为难免有一些细微的错误。

弗迪南德曾为一家出版社画过画，而这家出版社的编辑是一位喜欢吹毛求疵的家伙。每当这位编辑对弗迪南德的画大加批评时，弗迪南德就离开他的办公室，躲得远远的。这倒不是因为弗迪南德对他提出的批评不满，而是对他的这种态度和方式感到气愤。

有一次，编辑要弗迪南德在短时间内给他创作一幅画，弗迪南德抓紧时间把画画好了，并亲自送到了编辑的办公室。一进办公室，弗迪南德就发觉编辑对自己怀有敌意。于是，在谈创作这幅画的过程之前，弗迪南德用学到的方法先做了自我批评。

他说："先生，如果这幅画确实像你所说——我画错了，我没有理由为自己辩护，我承认错误。我长期应约为你作画，发生错误是不应该的，我很内疚。"

出乎弗迪南德的意料，编辑立即改口为他开脱："你说得对，但这不是什么严重的错误，只是……"

弗迪南德打断了他的话，继续说道："任何错误都是要付出代价的，犯错误自然让人生气。"编辑又想说什么，但弗迪南德赶快抢过了发言权。"我再仔细些就好了，"弗迪南德说，"你长期约我作画，有权要求我把画画好。我想，我应该重新画一幅。"

"不、不，"编辑赶忙说道，"我没有那个意思。"

接着，编辑把弗迪南德的作品夸赞了一番，表示只是想让他对其作些修改，并且指出，他的失误对出版社的声誉不会有什么影响，劝他不必为此担心。弗迪南德的自我批评使编辑无法再同自己争吵。最后，编辑请他一起用午餐，临分手前还给了他一张支票，并约他再为出版社作一幅画。

只有蠢人才会为自己的错误辩护，聪明的人应该勇于承认错误，甚至在别人无理取闹时也主动承认错误。因为为自己辩解只会让对方对你更不满，以为你是个自以为是的家伙，而如果你先承认自己的错误，对方就会对自己的想法进行重新审视，看看有没有冤枉了你。

大多数情况是，对方会像那位编辑一样，不仅会接受你的说服，而且还会对你的印象大为改观，这样，双方的关系会更加融洽。

幽默和谐术——幽默是人际关系的润滑剂

在人际交往中，幽默是不可缺少的。幽默是人们在社交场合中所穿的“最漂亮的服饰”。在日常生活中起着点缀、调和、调节的作用，幽默不仅能为你赢得广阔的人脉，助你摆脱尴尬与窘迫，更能像润滑剂一样，降低人际交往中的“摩擦系数”，化解冲突和矛盾，使人们从容地摆脱沟通中可能遇到的困境。

在一辆装满乘客的公共汽车上，大家像沙丁鱼罐头一样，挤在摇摇晃晃的车厢里。由于天气很热，一些人手里拿着各种冷饮在吃着。

这时，一位吃冰淇淋的青年，用嘴一咬，只听“吱唧”一声，那冰淇淋汁喷射出来，正好溅到旁边一位青年的鼻子上。

一瞬间，大家认为争吵将马上开始。被溅到冰淇淋的那位青年的女友，一边掏出手帕给他擦脸，一边狠狠地瞪着那个吃冰淇淋的人。

不料，她的男友却笑着说：“你等一下，先别擦，他还没有吃完，可能还会飞溅过来的。”

他的话很有节制，也很幽默，旁边的许多人都笑出声来。那位惹祸的青年也尴尬地笑起来，并再三道歉。

当这个幽默的小伙子和其女友下车时，全车的人都投去敬佩的目光。

吃冰淇淋的青年无意中把汁水溅到别人身上，他是没有恶意的，但客观上他却使别人受到了小小的损害。这对一个正派人来说，心理上定有几分负疚感。这个时候，如果对方再加以谴责，显然是不英明的举动。

这个被溅了冰淇淋的男青年，仅仅说了句玩笑话，立刻使一触即发的紧张局面得到缓和，化敌意为友好，表现出很高的修养。

生活中很容易遇到一些矛盾与冲突，幽默的语言能够巧妙地化解这些矛盾，并给双方都保留圆融的余地。

一位妻子过生日，她丈夫就请她到一家餐馆吃饭。要了一道菜叫“蚂蚁上树”。可端来的菜盘只有粉丝不见肉末。妻子故作不知，问服务员：“服务员，这道菜叫什么？”服务员仔细一看，不好意思地回答：“蚂蚁上树。”“怪了，怎么只见树不见蚂蚁呢？”妻子有些得理不饶人，面对一声高过一声的质问，服务员十分窘迫。丈夫见状，马上接过话来，说：“老婆，大概蚂蚁太累了，还没爬上来呢。服务员，麻烦你给老板说一声，赶紧给我们换一盘爬得快的蚂蚁。要知道时间就是生命啊。”服务员如释重负，赶紧为他们换了一盘名副其实的“蚂蚁上树”。

这位丈夫真是善解人意，他的话幽默风趣而又大度，既缓解了紧张的气氛，又让双方都找到了体面下台的契机。妻子听了他的话，会心地展颜一笑；服务员呢，则带着感激的心情，想办法补偿过失。这样机智而幽默地处理问题，既消解了冲突，又缓和了气氛，这位丈夫可谓是睿智成熟的交际高手。

总而言之，幽默是人际关系的润滑剂，能够使社交更加圆满。友善的幽默能够表达人与人之间的真诚友爱，能沟通心灵，拉近人与人之间的距离，填平人与人之间的鸿沟，是和他人建立良好关系不可缺少的东西。

以退为进术——退避三舍麻痹敌人

古人说过，“尺蠖之屈，以求信也”。同样道理，我们要实现一个目标，有时也需要采取一些欲进先退、欲南先北的策略，才能最终排除种种艰难险阻，顺利到达目的地。

“退避三舍”的故事，说的就是以退为进策略的典型。春秋时期，晋公子重耳，为逃避政敌，亡命到了楚国。楚成王对他热情款待，酒酣耳热之际，楚成王突发奇想，认定眼前这位落魄潦倒的公子必能重返晋国政坛。考虑到将来晋楚两国的关系，楚成王提问道：“如果公子得以执晋国之宗庙，将用什么来报答楚国今天对公子的接待之恩呢？”

重耳倒也会说，恭恭敬敬地答道：“如果有朝一日，重耳托您的福能够重返父母之邦，执晋国社稷之重，别的不敢说，重耳至少可以保证，万一楚晋两国打起仗来，在中原兵戎相见的话，重耳一定命晋军退避三舍。”

楚成王听了也没当回事，心想，以重耳现在这副倒霉德性，能苟延残喘地保住性命，不死在流亡的路上就算不错了，还真打算当上国君呀？于是就只当听了个笑话。

可是万万没想到，重耳在六十多岁的时候，还当真从天上掉下了馅饼，被迎回晋国继国君位，成了春秋五霸之一的晋文公。

更没有想到的是，真有这么一天，楚晋两国军队兵戎相见，这就是著名的楚晋城濮之战。真刀真枪玩起命来的时候，重耳突然命令晋国的雄师：“不要抵抗！退！”退了三十里之后，楚军乘势追了上来。只是由于当时天色已晚，才没打起来，准备次日交锋。

第二天两阵对垒，正要开打，重耳又是同样的一道命令，晋军又退了一天，正好又是三十里。第三天也是这样。晋军是节节退让，楚军是步步紧逼。

晋军已经养成习惯了，第四天，没等晋文公重耳发令，大家就又打算撤。这时候重耳说话了："撤？干什么还撤？我军连撤了三天，每日一舍，三十里，如今正好退够了三舍，九十里了，这已经算是兑现了当年寡人对楚王的诺言了，还撤干什么？三军听令！攻击楚军薄弱的两翼，都给我玩儿命！杀败了楚军，每人都有赏！"晋军的将士当真玩儿了命，一仗下来，楚军溃不成军，晋军大获全胜。清理完战场，将士们纷纷向晋文公请教，都奇怪晋军这支弱旅为什么能以弱胜强，打垮气势汹汹的侵略者。重耳拈着胡须，微微笑道："你们以为寡人真的是为了'退避三舍'的诺言吗？傻子才信呢！敌强我弱，如果一上来就硬拼，恐怕退的就不止这九十里！寡人用的这叫骄敌之计！让楚军以为我们真怕了他们，行军的次序自然会因骄而乱，布阵的策略自然会因骄而错，三军的士气自然会因骄而浮，而我军连退三日，士卒们都憋足了一股劲，要同敌人分出个高下来！这时候，强弱之势已然悄悄地发生了变化，变成我强敌弱了。诸君，这个道理其实很浅显，只不过楚军被骄傲冲昏了头脑，看不出来而已！"

生活中，我们常会碰到一些专唱反调的人，有些是专为反对而反对，完全没有逻辑性根据；有些人则是因自己的情绪不好而反对。对付这些人，若正面地与他冲突，只会更提高他的反对意识。最好的方法是先收回己见，甚至完全否定，对方在出乎意料的情况下，会忽然失去攻击目标，弄得自己章法大乱，甚至附和你先前的意见。

转换话题术——有效地转换话题

与人沟通过程中，有时难免会遇到一些自己不愿回答的问题，或是一些尴尬的场面，这时就需要转换话题，摆脱不利局面。

第二次世界大战结束后，远东国际军事法庭开庭审判日本战犯，除庭长之外，还有中、美、英、加、法、苏、荷、印、菲等多国法官。除庭长韦伯法官（澳大利亚）的席位是不容置辩之外，庭长右手的第一把交椅属美国法官似已定论，而庭长左手的第二把交椅属谁却各执一词。因为坐在庭长身边，不仅可随时与庭长交换意见，还表示法官所在国在审判中的地位。

这时，代表中国的法官梅汝璈先生看到，除美国之外，世界四强国还有三国，而中国名强实弱。他为了使中国的地位更加突出，便率先提出自己的观点说："若论个人座位，我本不在意。但既然我们代表各自国家，我认为，法庭座次应按日本投降时各受降国的签字顺序排列才最合理。首先，今日系审判日本战犯，中国受日本侵害最烈，而抗战时间最久，付出的牺牲最大，因此，有八年浴血抗战历史的中国理应排在第二；再者，没有日本的无条件投降，便没有今日的审判，按各受降国的签字顺序排座，实属顺理成章。"他说过之后，话锋一转，幽默地说："当然，如果各位同人不赞成这一办法，我们不妨找个体重测量器来，然后以体重之大小排座次。体重者居中，体轻者居旁。"听到这儿，大家都笑了，庭长韦伯笑着说："你的建议很好，但它只适用于拳击比赛。"梅先生回答说："若不以受降国签字顺序排座次，那还是按体重排好，这样，纵使我被置末座也心安理得，并可以此对我的国家有所交代。一旦他们认为我坐在边上不合适，可以调派另一名比我肥胖的人来替换我呀。”结果，梅先生以其能言善辩的口才和果敢的斗争为中国赢得了第二把交椅，为祖国争了光。

梅先生这段话极为精彩，首先是他有着铁一般的逻辑，特别是前半部分，缜密地论证了中国在抗日战争胜利中的决定作用，申明只能是中国而不能是其他国家来审判日本。在后半部分，他巧妙地转换话题，运用幽默的语言，提出一个有意思的建议——按体重排座次，从反面论证了头一部分观点的正确性。

用转移话题打破谈判僵局的方法，常常会使谈判绕了一个圈子，多走一些弯路之后又成功地到达终点，并最终达成双方都能接受的协议。话题转移得幽默巧妙，不仅能调节气氛，还能为谈判扫除障碍，铺平道路。

转换话题时有两点应引起重视：一是要自然，就是指转换的话题要与原来的话题连得上，说得通。二是要及时，就是指在对方话题尚未充分展开之前，就以新的话题取而代之，从而使对方在不知不觉中离开原来的话题，将注意中心转移到新话题上去。

第三章

让人佩服的说话应变术

俗语说：好马出在腿上，好人出在嘴上。语言的力量是巨大的，说话的智慧是无穷的。会说话的人能够在遇到变故时，做到灵活应变，能表现出高度的冷静和强烈的自信，这样不仅能够使自己在冷静中产生智慧，发挥自己敏捷的思维能力，进而为自己摆脱困境，化拙为巧；而且还能在让听话的人心服口服的同时为自己的人际交往迎来柳暗花明。

对比术——没有最好只有更好

对比，就是把两种相似或类似的物或人相互比较，让对方在比较中明白事理。这种说服方法，简明直观、生动形象，往往一下子就能打动人心，使对方信服。

这种说话方法在推销中应用得较为广泛。俗话说：货比三家不吃亏。只有对比才能让客户觉得你所推销的产品是最好的，才能体现出你所推销的产品的优点，才能够让客户很自然地购买你所推销的产品。令人心服口服地自发购买你所推销的产品，才算是成功的推销。

“没有最好只有更好”，这句著名的广告词充分说明了只有对比才能够比出更好的产品。推销人员要明白这个道理，不要害怕客户做对比。相反，要顺着客户的对比思路走，突出自己所推销产品的优点，让客户明白购买你所推销的产品才是最明智的选择。

有个小故事叫“买椟还珠”，就是说春秋时期，楚国有一个专门卖珠宝的商人。有一次他到齐国去兜售珠宝，为了让珠宝卖个好价钱，他特地用名贵的木料，制造了许多小盒子，把盒子装饰得非常精致、美观，还使盒子散发出一种香味，然后把珠宝装在盒子里面。有一个郑国人，看见装珠宝的盒子既精致又美观，问明了价钱后，就买了一个，打开盒子，把里面的宝物拿出来退还给珠宝商，单把盒子拿走了。

这个故事其实不只告诉我们没有眼光、取舍不当的哲理，同时从另一个角度，它也告诉我们：推销员要善于制造自己产品的卖点，挖掘自己产品的与众不同之处。就像故事里的盒子，虽然它不是商人所卖的主要物品，但是因为它做工精良，所以竟把珠子的优点比了下去。作为一个销售人员，要培养自己这样的能力：善于针对不同客户的心理特点，挖掘自己产品的独特优点，明白自己产品的客户定位，在推销时能做到灵活利用对比策略，有的放矢，逐个击破。

市场是广大的，客户有很多选择，所以怎样给客户做出比较是销售人员应该学习的技巧。销售人员要了解自己所推销产品的优点，并且要能够把自己的产品同别的产品进行优劣比较，从而让客户得出你所推销的产品是最好的结论。

社会充满竞争，如果不突出优点，那么优点也将变得平淡，从而落得被市场淘汰的下场。所以必须用比较的方法，给客户一个衡量标准，让客户看到产品的亮点，让亮点去点亮客户的购买欲。

低调术——让同事表现得比你优越

日常生活中，人人都希望得到别人的认可与赞赏，都在不自觉地维护着自己的形象和尊严。如果某个人的谈话过分地显示出高人一等的优越感，那么无形之中是对其他人自尊和自信的一种挑战与轻视，那别人的排斥心理、乃至敌意也就不自觉地产生了。

显示出高人一等的优越感恰恰是不少职场人士的习惯，也是他们难以赢得同事好感与友谊的重要原因。

在社会交往中我们经常会遇到这样一些人。如果家中有钱，一开口就是今天我做了什么，礼拜天又做了什么，逛了什么商场，买了什么、吃了什么，等等，一大堆让他人羡慕的事情；如果家中有权势，一张口就是我爸怎么样了，我叔叔又怎么样了；如果在单位深得领导赏识，就总在同事面前夸耀：某某领导对他说了什么，某某领导又许诺他什么。

这些人犯了一个共同的毛病：处处表现自己，处处显示自己的优越感。其实，妄自尊大、高看自己、小看别人、过分自负的人只会引起别人的反感，让人敬而远之，甚至厌而远之。

人性的一大弱点就是争强好胜，人们面对那些在自己面前无比优越的人，常会增加心中的挫折感，也就自然而然地产生了反感。一个人，如果不善于隐藏自己的锋芒，工作上处处表现得干劲十足、能力超强，且以此来作为资本，去贬低或瞧不起别人，只能在无形中惹来忌妒和猜忌："你行，你一人就能干好，那还要我们干什么？"

一名技术工程师被聘请到一家 IT 公司上班。公司除支付给他高薪外，还专门给他租了一套住房。不过，公司告诉他，因为担心其他同事为此心理不平衡，这一切是绝对保密的。

这名工程师经验丰富且很有能力，待遇高且不说，还享有一些特权，开会时与老总平起平坐。每次开拓新项目，即使该项目不由他负责，老总也喜欢问问他的想法。

看着其他同事羡慕的眼光，工程师有很强的优越感。过了不久，由于虚荣心作怪，他把自己的特殊待遇告诉了关系最要好的同事。看着同事惊讶的表情，他感到了一种极大的满足。这种满足又促使他将这一秘密告诉了公司更多的同事。后来，他发现，同事们都开始逐渐疏远他。对他的工作安排，也不像以前那样积极配合了。他想，他们可能是忌妒自己吧，也并未放在心上。但是，让他没想到的是，企业的另外两名骨干跑到领导那，拿他作标准，提要求。结果，弄得老总左右为难，为了不得罪公司其他人，只好解雇了这名工程师。

这样的故事在每天都在职场上演。它时时给人警示：不要在公司里当众炫耀自己。如果自己的专业技术很过硬，如果你是部门的核心人物，如果老板非常赏识你，你也不要得意忘形，反而更应该小心谨慎。尤其在日常交谈中，你不仅不应该表现得比你的朋友优越，你还应该制造机会，让他们表现得比你优越。

那么，如何在交谈中让同事表现得比你优越呢？

1. 引导同事多说自己的成就

李女士在一家公司工作，很有人缘。不过，她刚到公司工作的时候，头几个月可不大受欢迎。

其实她的心地挺善良的，但同事们仍不喜欢她。因为她的自身条件比较好，出身于书香门第、毕业于名牌大学，架子大，人又好表现。与同事谈话，动不动就说“我们大学怎么怎么样，我家怎么怎么样”。时间长了，大家只要听到她这样的开场白，全都扭过头去，不和她说话了。

只有一位年纪稍长的同事还愿和她说说话。对此，她很是不解。出于好心，这位同事劝告她，在大家面前少谈论自己的出身和学历。这位同事还说，每个人都有自尊心，都有值得骄傲的地方。

她这才意识到自己的问题在哪。此后，她开始少谈自己，而多听同事们说话。她发现，她的同事的确也有不少值得骄傲、得意的事情。她还发现，让他们说自己得意的事情，比听别人说更能令他们兴奋。

后来，只要大家在一起闲聊，李女士就主动问自己的同事，让他们多说。对于自己的事情，李女士尽量保持沉默，只在同事问起的时候，她才说说。即使要说，也非常注意把握分寸。

2. 在与同事交谈时，别处处争先

有的人，思路敏捷，口若悬河，但一说话就令人反感，因为他们太狂妄，太自以为是。凡事喜欢争论，一定要胜过别人才肯罢休，这样的人是不可能赢得别人的好感的。事实上，虽然你在口头上胜过了对方，但你损害了对方的尊严，他可能从此记恨在心，说不定有一天他就会用某种方式还你以颜色。

也许，你并不善于制造让他人表现自己优越的机会。但至少，你可以在他人表现自己的优越之时，睁一只眼闭一只眼。

“誉我则喜，毁我则怒”，本是人之常情。聪明的人知道，别人可以毁誉加于我，我不可以毁誉加于人。

在办公室，总有一些喜欢吹牛的人，尤其是男性，在闲聊时，喜欢在同事面前炫耀自己知识面广，自诩什么都知道，其实大家都心知肚明，他知道的不过是点皮毛而已。如果你非得显示自己高明，在某位吹牛大王吹得正欢时，打破砂锅地向对方发问，让对方露了馅。这样，不但扫了大家的兴趣，也让喜欢神“侃”的同事难堪。估计以后同事们再闲聊的时候，都会有意无意地避开你。因此，在与同事交谈时，给别人留面子，不求事事明白，这样同事们才会乐意接纳你。

看到同事的长处与成绩，制造机会让他们表现自己，对自己的成就轻描淡写。如果你能做到这些，你就能赢得更多的好感，就能成为办公室里最受欢迎的人。

攻心术——抓住对方的心理去说服

抓住对方心理是说服别人的重要途径。沟通的关键不在于见多识广或巧舌如簧，而在于看透对方的心，并在此基础上巧妙地表达自己的看法。人的心理十分微妙，即使同样的一句话也会因为对方情绪的差异而得到不同的理解。与人沟通，攻心为上，读懂对方的内心才能控制其情绪的变化。

一位经理安排一名主管去管理一个生产车间，但是这位主管认为，管理车间这样混乱的部门是件费力不讨好的事。这时候，经理就应该去了解主管内心的真实想法，如果这位主管是一位积极进取的年轻人，经理就应该告诉他，管理生产车间更能锻炼和提升他的能力，为他今后的晋升打下良好的基础；相反，如果这位主管只是得过且过、不思进取的人，经理就应该告诉他，这是公司领导层的安排，他必须服从公司的任命去车间，否则只有离开公司。

人的心理变幻不定，较难把握，但是，有意无意中，人内心的东西常常会通过某种方式外露。善于观察听者的一举一动，并能据此加以分析和推测，那么，基本上就可以掌握听者的心理。譬如，在讲话时，听者发出唏嘘声，说明听者不喜欢那些话；如果听者两眼直视，精神十分集中，说明说话的内容非常吸引人；如果听者左顾右盼，思想不集中，说明他心里可能很着急，但又出于尊敬而不愿离开……当然，有许多人善于抑制自己的感情，不让它外露，即使这样，还是会露出一些蛛丝马迹的。

一位能干的销售员就是运用这种方式，成功地销售出了自己的商品。一天，有位西装笔挺的男士走到玩具柜前，售货员立即走过来接待。男士伸手拿起一只声控的玩具飞碟，仔细地看了起来。

“先生，您好，请问您的小孩儿多大了？”售货员微笑着，很有礼貌地问道。

“五岁。”男士答道，并把玩具放回原处，去看其他的玩具。

男士不经意的回答却使售货员顿时兴奋起来。因为从这个简单的信息中，她找到了说服对方的突破口。于是，她热情地说：“五岁！五岁正是玩这种玩具的年龄，这种飞碟正是为像他这样大的孩子设计的。”

说着，她打开了玩具飞碟的开关，并拿出声控器，开始熟练地操作，前进，后退，旋转，男士看得津津有味。这时，售货员又说道：“玩这种飞碟，不仅可以锻炼小孩子的大脑，还可以培养他们的领导意识。”说完后，她把声控器递到男士手中，详细地向他介绍了怎么操作，并让他实际操作了一番。

终于，男士发出了求购信息。

“一套多少钱？”

“20美元。”

“太贵了。”

“先生，你想想看，这套玩具不仅可以开发令郎的智慧，还可以培养他的领导才能，跟这些比起来，20美元到底值不值？”

于是，这位男士拿起了玩具，到付款台付款去了。

在这个例子中，售货员就是抓住了男士的爱子心理，并很好地运用了这种心理。当男士放下玩具想到别处去时，她不失时机地说这种玩具正是为五岁的儿童设计的，并指出了孩子玩这种玩具的两大好处。这样，就引导男士开始询问价钱。而当男士嫌价钱太贵时，售货员又将玩具对孩子的好处和价钱相比，指出这样的价钱是合适的。这样，男士最终打开了腰包。

在整个过程中，售货员时时抓住男士的爱子心理，将玩具和价格都与孩子联系起来，表面上是玩具打动了男士的心，其实，是他被自己的爱子之心打动了。而售货员正是巧妙地运用了抓住别人心理的攻心术，才最终说服了男士，达到了自己的目的。

因此，在我们说服别人时，不妨也运用一下这种战术——抓住对方的心理，并利用这种心理做文章。在说服过程中，使自己的每一句话、每一个动作都与对方的这种心理相符合，并让对方明白，自己所做的一切，都是于对方有利的。这样，我们就通过这种方式，引导对方被自己的心理所感动，并接受我们的建议。可以说，攻心术是一种行之有效的说服方法，它比讲道理、威逼利诱更容易赢得人心，也更容易被人接受。

借题发挥术——借题发挥，从侧面说服

当对方说话不当，或者做了一些令自己不高兴的事情时，如果当面予以回击，会让双方都很尴尬，甚至会反目成仇。在这种情况下，不如先让自己平静下来，等找到合适的机会时，再借题发挥，让对方也尝尝自己当时的滋味。这样，就能很好地让对方理解自己当时的不满情绪，从而不再如此对待自己。

有位妻子在缝纫机上缝东西时，她的丈夫站在一旁不住地指手画脚，并不停地发表意见："慢点……小心点……怎么搞的？你的针都快断了……把布向左边拉一点，过了过了，再向右拉一点……你真是笨手笨脚。"

终于，妻子忍无可忍，生气地说："亲爱的，你能不能不要多嘴？我会缝。"

"你当然会，亲爱的，我只是想让你体验一下，你平常教我拖地板时我的感受。"

在这里，我们可以想象，当丈夫拖地时，妻子是如何在一旁指手画脚的。而聪明的丈夫避免了与妻子的正面冲突，当时没有发

作。后来，在妻子缝东西时，丈夫抓住机会，借题发挥，让对方也体会一下受人驱使、听人吆喝的滋味。

借题发挥的关键就是“借”。如果借得适当，就会战胜对方，达到自己的目的。

有这样一则故事：齐国有一个叫田骈的人，平时总爱高谈阔论，表白自己清廉正直，不爱做官，甘愿为民服务。但他实则依靠权势，盘剥百姓，是一个十足的寄生虫。

有一次，齐人见到田骈，说道：“我听到先生的高论，提倡不做官，甘愿为民效劳。”

田骈反问：“你怎么知道的呢？”

齐人说：“我从邻家的女儿那里得知的。”

田骈说：“这怎么讲呢？”

齐人回答说：“我那邻人的女儿说是不嫁人了，但她才 30 岁就有七个孩子了。”

田骈听了，连忙走开了。

在这则小故事里，齐人借邻家之女不嫁却养了七个孩子为例，借题发挥，引申到田骈身上。就田骈鼓吹不愿做官、愿为民效劳的诺言做了无情的讽刺和挖苦，使田骈无法反击，只好认输走开。

运用借题发挥诡辩术，要求头脑机敏，反应灵活，善于联想，善于寻找契机，善于选择表达的言辞。在宴会上，当朋友们盛赞主人的热情和美酒的醇香时，你可不失时机地说：“愿我们的友谊像这美酒一样醇真浓厚。”大家一定会称赞你的机智和干练。

借喻明理术——善于运用生动贴切的比喻

长篇大论的严正论点，固然能令人心服口服，但若能在言论中添加一些精妙的比喻，则更能使对方的思维被你的比喻所折服，使复杂的问题简单化、深奥的道理浅显化、抽象的事物具体化。这样也更容易让说服对象理解并赞同你的论点。

说服的语言，要想做到朴实无华，又具有很强的穿透力，就应该适当地多运用一些生动形象的比喻。比喻的妙用，对于提高说服语言的明晰度和准确性，有着十分重要的意义。

比喻，就是用人们已经知道的东西来说明人们所不知道的东西的一种常用的修辞方法，它能给人一个具体、可感的形象，从而加深对问题的理解。

自古以来，许多思想家、教育家、政治家，在宣传思想、阐明观点时，都十分注意运用生动形象的比喻。

战国时期著名思想家庄子就是善用比喻说服对方的高手。庄子一生都过着十分清贫的生活，有一天，他家里一点粮食也没有了，他万般无奈，只好放下手里的书，拎个袋子到朋友监河侯那里借点粮食。

监河侯正收拾行装要外出。庄子见了他，讲了借粮的事，监河侯满口答应："好说，好说，不过我正要进城收租金，等我回来一定借给你300两银子，好吗？"

庄子心里想，监河侯这次进城，定要半个月才能回来，自己一家人根本就坚持不到那个时候。于是，他想了想说："老兄啊，刚才我见到一件事，很有意思，你不想听听吗？”监河侯说：“什么事，你快说。”监河侯向来特别爱听新奇的事。

庄子说：“刚才我到你这儿来的时候，在路上听见求救的声音。我到处找，却没有见到人。原来在路旁的干河沟里，有一条小鱼，嘴巴一开一闭地在叫着。它说：‘我从东海来，现在快干死了，先生能不能给我一瓢水，救我一命啊！’我说：‘那太少了！你再忍耐一下，等我去找赵国和吴国的大王，请他们堵住西江的水，然后开沟挖渠，把西江水引到这儿来，你就可以顺水游回东海了，你看这样好吗？’谁知那条鱼听了很生气地说：‘我现在已经快干死了，只要一小瓢水就能活下去。你的计划虽然很好，但等到西江水来的时候，恐怕我早已变成鱼干了，先生只好到鱼干摊上找我了。’”

监河侯听到这里，满脸通红，他连声向庄子道歉，立刻喊来家人，给庄子装了满满一袋粮食。

说服对方时灵活采用比喻的手法，不但能增强自己言论的说服力，也会让对手难以反驳。因为对手除了必须反驳你的论题外，还得设法反驳你的比喻。

唐太宗时期为了扩大兵源，想把不在征调之列的中年男子都召入军中，谏议大夫魏徵知道后对他说：“把水淘干了，不是得不到鱼，但明年恐怕就不会有鱼了；把森林烧光了，不是猎不到野兽，但明年就无兽可猎了。如果中年男子都召入军中，生产怎么办？赋税哪里征？兵员不在多，关键在于是否训练有素，指挥有方，何必求多呢？”

太宗无言以对，只好收回了成命。

在这段话中，魏徵借用两件与主要事件相类似的事例作比喻，深刻阐明了不能把中年男子都调入军中的道理，很有说服力。

生动形象的比喻，不仅能使深奥的道理变得浅显明了，易于被对方接受，而且还会使人受到深刻的启发，给人以极大的鼓舞和有力的鞭策。

运用生动形象的比喻对人进行说服，通过以事寓理、形象比喻，能增强语言的趣味性，使说服显得更加委婉，一旦说服对象对我们的说服语言产生了兴趣，他便会不自觉地领悟到说服者要表达的思想。

当然，比喻也不能滥用。生动形象的比喻，只有运用得恰到好处，才能发人深省、耐人寻味，所讲的道理才能焕发异彩。如果用之过多或用之失当，就容易给人造成华而不实之感，甚至令人啼笑皆非，产生反感情绪，也就收不到理想的说服效果。

逻辑推理术——运用逻辑推理的方法说服

逻辑拥有迷人的智慧之光，它令人心醉，令人神往，令无数人为之倾倒。在许多逻辑书中，谈及“逻辑的力量”时，总愿意提到斯大林对列宁的精彩演说的一段极为生动的评论：“使我佩服的是列宁演说中那种不可战胜的逻辑力量，这种逻辑力量虽然有些枯燥，但是紧紧地抓住听众，一步接一步地感动听众，然后就把听众俘虏得一个不剩了。我记得当时有很多代表说：‘列宁演说的逻辑好像万能的触手，从各方面把你钳住，使你无法脱身，你不是投降，就是完全失败。’”

在战国时期，秦统一六国前，秦始皇受人挑拨，曾下令驱逐一切从别国来的客卿，楚人李斯当然也不例外。为此，李斯作《谏逐客书》争辩说：“昔穆公求士，西取由余于戎，东得百里奚于宛，迎蹇叔于宋，求丕豹、公孙支于晋，此五子者，不产于秦，而穆公用之，并国二十，遂霸西戎。孝公用商鞅之法，移风易俗，民以殷盛，国以富强，百姓乐用，诸侯亲服，获楚、魏之师，举地千里，至今治强。惠王用张仪之计，拔三川之地，西并巴、蜀，北收上郡，南取汉中，包九夷，制鄢、郢，东据成皋之险，割膏腴之壤，遂散六国之从，使之西面事秦，功施到今。昭王得范雎，废穰侯，逐华阳，强公室，杜私门，蚕食诸侯，使秦成帝业。此四君者，皆以客之功，由此观之，客何负于秦哉？”由此归纳推导出“地无四方，民无异国”，“用人唯才，不必本土”的一般结论，使秦始皇撤销了“逐客令”，恢复了李斯的官职。

在生活中，逻辑高手甚至能够利用逻辑的力量赢得自己心上人的芳心。

在美国的普林斯顿大学，有一个男生深深地爱上了一个美丽聪慧的女孩。但是，他一直不知道应该如何向她表白爱意，因为他总是害怕她会拒绝自己。一天，他终于想到了一个追求女孩的好方法，于是，他鼓起勇气，向正在校园里读书的女孩走去。

他对女孩说：“你好，我在这张纸条上写了一句关于你的话，如果你觉得我写的是事实的话，那就麻烦你送我一张你的照片，好吗？”女孩的第一反应是：这又是一个想找借口追求自己的男生！这种男生，她见得太多了，但聪明的她总能顺利地摆脱那些男孩的纠缠。面对这个男孩，她很有自信，无论他写什么，我都说不是事实，这样不就得了吗？于是，女孩欣然答应了男孩的请求。

“如果我说的不是事实，你千万不要把照片送给我！”男孩急忙说。

“那当然！”

于是，男孩把那张纸条递给了女孩。女孩胸有成竹地打开了纸条，但她很快就皱起了眉头，因为，她绞尽脑汁也想不出拒绝男孩的方法。于是，她只好把自己的照片送给了男孩。

那么，那个聪明的男孩究竟在纸条上写了什么呢？其实，他写的只不过是一句非常简单的话，“你不会吻我，也不想把你的照片送给我。”如果女孩承认这句话是事实，那么她就得把照片送给男孩；如果她否认这句话是事实，也就意味着“她会吻他，也想把她的照片给他”。总之，不管怎样，女孩都得把自己的照片送给这个男孩。男孩正是利用了逻辑，使得女孩处于两难的推理中：要么否定自己原来的观点，要么否定自己眼前的事实。既然事实是无法否定的，那么女孩就只能改变自己原来的观点了。

故事中聪明的男孩名叫罗纳德·斯穆里安，后来他成了美国著名的逻辑学家，而那个女孩，在日后顺理成章地成了他的妻子。

旁敲侧击术——旁敲侧击劝告别人

旁敲侧击，不仅是兵法里的招数，也是与人交谈中以守为攻的一条妙计。在说服别人时，不直接交代说服的目的，而是通过曲折含蓄的语言，把自己的思想、意见暗示给对方。这种语言表达方式既可以达到批评的目的，又可避免难堪的场面，所以常被用来作为说服的有效手段。

19 世纪意大利有个著名的作曲家罗西尼。一天，另一个作曲家带着一份声称是自己创作的乐曲手稿来请教他。在演奏过程中，罗西尼不停地脱帽。那位作曲家问他：“屋里很热吗？”

罗西尼回答说：“不，我有见到熟人脱帽的习惯，在阁下的曲子里，我碰到那么多的熟人，不得不连连脱帽。”

罗西尼巧妙地用“那么多熟人”来暗示曲子缺乏新意，抄袭太多。幽默的语言既没有伤到对方的自尊心，又明确地向对方表明了自己的看法，让对方自然信服。

生活中，正面的劝告往往会使人产生逆反心理。这时，不妨独辟蹊径，换个方法来劝说，从侧面打开缺口，或许能事半功倍。旁敲侧击法是一种比较实用的好方法，它一般多以人与人的感情为媒介，以人对新事物的兴趣、注意力或以列举有关事例为突破口，对其进行攻心。

荷兰物理学家彼得·塞曼，大学一年级时十分贪玩，物理成绩也不好，被人称为浪荡公子。为此，他的母亲很伤心。为了劝告儿子，她讲述了这样一段往事：他们的家乡位于西海岸的一个半岛上，自古以来常被大海淹没。1860 年 5 月 24 日午夜，家乡又遭到了海浪的侵袭，一个孕妇在孤舟上漂流了几天几夜，产下了一个男孩儿——彼得·塞曼。幸亏乡民救助，母子二人才平安无事。接着，母亲不无悲哀地说：“早知塞曼是个平庸的人，我当初就不必在海浪中拼搏努力了。”塞曼听完母亲的话，羞愧万分。从此，他改掉坏习性，努力学习，最终荣获了诺贝尔物理学奖。

在运用旁敲侧击法时，还要注意在说话之前先动动脑子，从正面、反面、侧面多角度地想一想，寻找出可以使对手得到启示的多种不同的表达方式，选择其中一种最好的，从而达到预期的目的。

顺水推舟术——顺水推舟巧取胜

以守为攻，其妙处就在于己方不需要花费太多的力气，任凭对方“流血牺牲”“奋力攻坚”，笑看对方的实力消耗殆尽。这就是顺水推舟、以巧取胜的道理。

20世纪初，俄国著名政治家克鲁泡特金在俄国政治流亡者云集的日内瓦从事反对沙皇统治的活动。这时，沙皇也把注意力集中到这里，千方百计地想渗透进日内瓦的有关组织中去。

一天，有人告诉克鲁泡特金，有一个俄国绅士想见他。这个俄国绅士看见过他办的刊物，表示非常赞同。他想请克鲁泡特金再办一份反对沙皇的俄文报，经费由他一个人承担。朋友们对这个俄国人十分感兴趣，极力要克鲁泡特金见见他。

克鲁泡特金同俄国绅士见了面。这个绅士自称有土地、工厂和大量的钱，他对沙皇的民族压迫政策十分不满。他说：“我有很多财产，你不要怀疑。我另外还有一个大发明，准备去申请专利，它可以使我发大财。我要把所有的钱全部用在俄国革命上。”他还让克鲁泡特金参观了他的发明——一只烛台，这只烛台只是与别的烛台不同，但没有任何创新的价值，而且样子非常难看。看了这个“发明”克鲁泡特金吃惊不已，他觉得没有一个厂商会出哪怕十块钱买他这个专利。一个自称有钱的人居然把希望寄托在这样一只烛台上，克鲁泡特金顿时对他产生了怀疑：他绝不是一个像他自称的有钱人，如果他出了办报的钱那也绝不是他自己的钱。这样判断之后，克鲁泡特金决定进一步试一试他，看他会不会露出马脚。

克鲁泡特金顺水推舟地夸奖他：“你的想法很好，这正是我们所急需的。既然你这样想办一个革命刊物，又是这样推崇、相信我，那么好，你可以用我的名字把你的钱存在银行里面，由我个人按需要任意取用。我相信你所说的你办刊物完全是为了俄国革命，而没有一点个人目的，所以我要告诉你，刊物办起来之后你和它就一点关系也没有了。”那人连忙说：“那当然，那当然。我只不过不时来看一看，必要的时候给你贡献一点想法，而且我还可以帮助你把报纸秘密运到俄国去。”克鲁泡特金说：“这些都不用你操心，我们会全办好的。你出了钱就是尽了最大的力量了，我们不能再麻烦你更多的事情了。”

谈完话后，克鲁泡特金胸有成竹：那个俄国人要真是一个富有献身精神的拥护者，就绝不会在意自己能不能介入将来的报纸领导工作。如果他知道了自己无法参与办报工作后就打消了出资的念头，从此之后杳无音信，再不露面，那就证明他提出出钱办报是别有用心的。

果然，在与克鲁泡特金谈完话之后，那位俄国绅士就再无消息。不久，彼得堡的同志带来信件，告诉日内瓦的同志，最近沙皇的一个侦探到了日内瓦。这个侦探的体貌特征正与那位“绅士”一模一样。

当一个人主动地作出友好表示，答应或承诺帮助你完成某一事业，而你又无法判定其真假时，你可以顺水推舟地向他提出更高的、近乎无法接受的要求。如果他是真心实意的，他就会继续同你商榷；如果他立刻被吓跑，至少会证明他没有诚心。

在交谈中，顺应对方的话茬，自然而然地顺着说下去，让其向着有利于自己的目标发展，最后使对方心悦诚服。

运用顺水推舟的方法，能达到许多目的。既可以婉言批评，又可以消除尴尬，还可以巧妙讽刺。

先承后转术——让你不知不觉入套

先承后转，即把对方的话题先承接下来，表示一定程度的赞同，这样能缓解对方的强硬态度，使他愿意听取你的意见。但要掌握一个原则，不能把自己的态度完全等同于对方的态度。然后，再进行转折，改变对方的某些看法，使对方比较愿意接受。因为在现实生活中，经常遇见的不是绝对对立的是与非、正确与谬误，所以承接对方的话题是必要的，这很容易形成态度的缓冲过程，然后再逐渐地转向，使对方改变主观意见和态度。

许多人在劝说别人时，都极力想证明自己是百分之百正确的，而对方的所有观点都是错误的。其实，精明的劝说者总是就某些事情做些让步，并找出某些一致的观点。

对方提出某种观点，总有一定的理由，不会毫无道理。因此，你首先必须给予承认：

“是的，你在那件事情上当然是正确的，但是另一方面……”

“是的，我能理解你为什么会这样想，但是……”

“是的，我知道你在那里干得不错，但是你是否考虑过这个呢？”

采取这种“是的，但是”的技巧，温和而准确地陈述你的情况和理由，使他觉得按你这么推理更有道理，他就会心悦诚服地赞同你的观点。这种“是的，但是”的方法，虽然有点像小学生的作文，但却妙不可言。

雄辩家们更是善于运用先承后转的方法进行论辩。先承后转的论辩，可以避免双方在尚未达成共识的问题上发生激烈冲突而导致出现僵局，为双方的进一步沟通并最终说服对方创造有利的前提条件。

北宋时期，宰相富弼年事已高，几次向神宗赵顼请求告老还乡休养。神宗不但没有批准他的请求，反而还准备对他继续委以重任，于是，神宗安排邵康节做富弼的思想工作。邵康节来到富弼家中，他对富弼说："听说皇上想用唐代起用裴度裴晋公的礼节起用您。"富弼笑着说："先生，您看我这个衰老多病的样子能够起用吗？"

邵康节说："确实也是啊，您身体比以前是差了很多。但如果有人说，皇上要授命于您，您却不愿出山；和尚开堂讲法，您却马上就去了，这中间难道没有不合适的地方吗？"富弼大吃一惊，说他没有想到这一点。

邵康节说服富弼是经过精心设计的。他声东击西，提出皇上要重礼起用富弼，富弼笑着以自已衰老多病推托。邵康节话锋突然一转，指出"皇上要授命于您，您却不愿出山；和尚开堂讲法，您却马上就去了"，委婉地批评富弼这样做是不适合的。富弼一听大惊，马上承认自己考虑不周，听从了邵康节的劝说。

运用这种论辩术，要注意"先承"是辅助手段，其目的是麻痹对方，以缓解对方的矛盾对立情绪。"后转"才是论辩者主要做的文章，是重头戏。要能够变承为转，反守为攻，出其不意，击中对方要害的同时，也维护自己的尊严。

迂回术——迂回说服暗中攻心

很多时候，我们很难直接而有效地说服别人，这时，我们应该采取迂回战术，避开正面的语言交锋，而从侧面寻找突破口，话不说破，道理点明，不露声色地去说服别人。迂回诱导往往能够激起对方思想上的波澜，使说服对象能通过自己的体会和联想，领悟出说话者的用意，从而达到教育、说服等沟通目的。

公元前265年，赵惠文王驾崩，由孝成王继位。当时孝成王还年幼，就由他的母亲赵太后摄政。

秦国趁机大举攻赵，赵太后转而向齐国求援。

齐国提出了严苛的条件：“一定要以长安君为人质，否则就不出兵。”长安君是孝成王最小的弟弟，赵太后最小的儿子。

赵太后坚决拒绝了齐国的要求，无论众臣们如何竭力劝谏，她都不答应，还说：“如果再有人让我把长安君送去当人质，我就将口水吐到他的脸上。”

国情十分危急，左师触龙去拜见太后。他步履蹒跚地到太后面前，首先抱歉地说：“我的脚有点毛病，行走困难，所以许久未向您请安，但又担心太后的健康状况，所以前来谒见……”

“我都是以车代步。”

“那饮食方面呢？”

“都是吃粥。”

“我最近也是食欲不振，所以我每天要坚持散散步，以增加食欲，那样也可以使身体健康一些。”

“我可做不到你那样。”

一阵寒暄之后，赵太后的表情才稍稍缓和了下来。

触龙又说：“我有个小儿子，名叫舒祺，非常不成材，真叫我感到困扰。我的年纪也大了，希望在我有生之年向太后请求，给他个王宫卫士的差事，这是我一生的愿望啊！”

“可以，他今年几岁了？”

“15岁，或许太年轻了，但我希望能在生前将他的事情安排好。”

“看来你也是疼爱小儿子的。”

“是啊，而且超过了做母亲的。”

“不，母亲才是特别疼爱小儿子的。”

触龙以为小儿子舒祺谋事做借口，终于把话题引到了赵太后的小儿子——长安君的身上：“是吗？我觉得太后比较疼爱长安君嫁到燕国的姐姐。”

“您错了，我最疼爱的是长安君。”

触龙说：“如果疼爱孩子，就要为他们考虑到将来的事。当长安君的姐姐出嫁时，你因不忍离别而哭泣。之后又常常挂念她的安危而掉泪，您不是不想念她，但每当有祭拜时，您却都会祈求她‘一定别回赵国’，因为那样就意味着她失去了燕国君王的宠爱。而且希望她的子孙都能显官达贵，继承王位。”

“是啊，是这样的。”

“那么请您仔细想想看，至今为止有哪位封侯的王族能持续三代而不衰的。”

“没有。”

“不止在赵国，其他的诸侯国怎么样呢？”

“也没有听说过。”

“为什么呢？所谓祸害近可及身，远可殃及子孙。王族的子孙并非全是不肖者，但是他们没有功绩而居高位，没有辛劳而得到众多的俸禄，其最终结果就是误了自己。现在您赐给长安君以崇高的地位、肥沃的封地，却不给他建功立业的机会（指去齐国做人质）。您百年之后，长安君的地位能保得住吗？所以我认为您并没有考虑到长安君的将来，您所疼爱的还是长安君的姐姐。”

赵太后被触龙的话说服了：“好吧，一切都按照你的意思去做吧！”

左师触龙运用迂回诱导的方法，步步为营，旁敲侧击，明之以实，晓之以理，全部对话无一字涉及人质，但又句句不离人质，迂回曲折之中尽显语言奥妙。

在说服别人的过程中，不能只讲空洞的大道理，而应该把道理讲得具体生动，应循序渐进地把道理说明白，诱导听者进行思考，使听者在思考中接受你的意见。迂回委婉的表达方式，不仅语言得体，还可以增强语言的生动性和说服力，达到“言有尽而意无穷，众意尽不在言中”的效果。

以硬治硬术——正义面前要敢说硬话

在人际交往中，我们常常会碰到一些蛮不讲理的人，这时候，就应该说“硬话”，以硬治硬，针锋相对，毫不妥协。说“硬话”的目的在于向对方表明自己敢于斗争的勇气和决心。在很多场合，只有说“硬话”，才能在气势和心理上征服对方，打击对方嚣张的气焰。

说“硬话”，首先就要在气势上压倒或胜过对方。

战国时，骄横的秦王想吞并安陵，便提出要以500里土地交换安陵。安陵君自然不肯同意，便派唐雎出使秦国，以说服秦王放弃这个念头。

唐雎说明了来意，秦王一听，顿时脸色大变，怒气冲冲地对唐雎说：“你听说过天子发怒吗？”

唐雎回答说：“我没有听说过。”

秦王说：“天子发怒，能让百万人尸骨成山，血流成河！”

唐雎说：“那么，大王有没有听说过百姓发怒？”

秦王冷笑道：“平民百姓发怒，不过是摘下帽子，赤着双脚，拿脑袋撞地罢了。”

唐雎说："那是庸人的发怒，不是勇武者的发怒……如果勇武的人真的发了怒，倒下的虽不过两人，血水淌过的地面也只有五六步，但是普天下都得披麻戴孝。现在勇士发怒了！"

说完，唐雎拔出宝剑，挺身而起。秦王一见顿时慌了，忙对他说："先生息怒，先生请坐下来谈，何必生这么大的气。现在我明白了，韩国、魏国都灭亡了，独有安陵君这个仅有50里地的小国还存留下来，就是因为有先生这样的勇士啊！"

在这个故事中，唐雎面对骄横霸道、凌人盛气的秦王，不仅没有一丝一毫的胆怯，反而据理力争，甚至当着满朝文武的面敢于拔剑而起，在气势上先把秦王比了下去。再加上之前唐雎所说的勇士之怒，和安陵君独保的现实，最终使秦王打消了吞并安陵的念头。唐雎以硬碰硬，最终达到了出使和说服的目的。

说"硬"话，不是意味着去批驳对方论点的错误、指责对方的可笑或荒谬，而是用与其言论相类、相对或相反的论点去智取对方。兵来将挡，水来土掩，寸土不让，占据制高点，这样才能居高临下，威震四方。

自嘲拒绝术——嘲笑自己拒绝他人

别人有事求你，你想拒绝，明言拒绝，会让人难堪，而运用自嘲，委婉拒绝，既表达了自己的拒绝意图，又会使对方乐于接受。

有一次，林肯在某个报纸编辑大会上发言，指出自己不是一个编辑，所以他出席这次会议，是很不相称的。为了说明他最好不出席这次会议的理由，他给大家讲了一个小故事：

"有一次，我在森林中遇到了一个骑马的妇女，我停下来让路，可是她也停了下来，目不转睛地盯着我的面孔看。

“她说：‘我现在才相信你是我见到过的最丑的人。’我说：‘你大概讲对了，但是我又有什么办法呢？’她说：‘当然你天生就这副丑相是没有办法改变的，但你还是可以待在家里不要出来嘛！’”

大家为林肯幽默的自嘲而哑然失笑。

喜剧大师卓别林曾说：“学会说‘不’吧！那你的生活将会美好得多。自嘲是幽默的最高层次，口才好的人以自己为对象来取笑反而可以解除误会、抹去苦恼，并赢得别人的尊敬和钦佩。

启功先生是我国著名的书法家，在20世纪70年代末向他求学、求教的人就已经很多了，以致先生住的小巷终日不断脚步声和敲门声，惹得先生自嘲曰：“我真成了动物园里供人参观的大熊猫了！”有一次先生患了重感冒起不了床，又怕有人敲门，就在一张白纸上写了四句：“熊猫病了，谢绝参观。如敲门窗，罚款一元。”先生虽然病了，但仍不失幽默。此事被著名漫画家华君武先生知道后，华老专门画了一幅漫画，并题云：“启功先生，书法大家。人称国宝，都来找他。请出索画，累得躺下。大门外面，免战高挂。上写四字，熊猫病了。”这件事后来又被启功先生的挚友黄苗子知道了，为了保护自己的老朋友，遂以“黄公忘”的笔名写了《保护稀有活人歌》，刊登在《人民日报》上，歌的末段是：“大熊猫，白鳍豚，稀有动物严护珍。但愿稀有活人亦如此，不动之物不活之人从何保护起，作此长歌献君子。”呼吁人们应该真正关爱老年知识分子的健康。

看了上面的这则故事，相信你一定会露出会心的微笑。但是在微笑之后大家是否还会感到一点苦涩呢？诚然，作为启功先生是不得已而为之，因为他的身体实在支撑不起。但是，直截了当地拒绝人们的所求这又不符合先生做人处世的原则，所以最后才采用了幽默式的拒绝方法，亦可以称之为无奈的拒绝。他也告诉我们，同是拒绝求人，不同的拒绝方式给人的感受是不同的，有的拒绝能让人接受和理解，而有的拒绝则使人仇视和反感。可见，同是拒绝，还是应该多注意些方式，多讲究些艺术。

正话反说术——正话反说出奇效

说出来的话、所表达的意思与字面完全相反，就叫正话反说。如字面上肯定，而意义上否定；或字面上否定，而意义上肯定。这也是产生幽默感的有效方法之一。

正话反说颇为意味深长。正话反说，就是对某一话题不做直接的回答或阐述，却有意另辟蹊径，从反面来说，使它和正话正说殊途同归。这样便可以避免正面冲突，含蓄委婉，入情入理，收到一种出奇制胜的劝谕和讽刺效果。有时正话反说的曲折手法，可使人们在轻松的情境中相互沟通，使处于紧张的局面得到缓解。

一个懂得使用说话技巧的人会让对方在最开始的时候觉得他说的话是很有道理的，而给出一连串肯定的答案。这样会使对方的心情放松，就好像撞球，只能依着球杆的力量前进，却无法倒退。采取“迂回”的手法，先让对方一步步地陷入你设下的圈套，最终达到你说话的目的。

从前，美国有个倒卖香烟的商人到法国做生意。有一天，他在巴黎一个集市的台子上滔滔不绝地大谈抽烟的好处。突然间，从听众中走出来一位老人，连声招呼也不打就走到台上，也非要讲一讲。那位商人毫无心理准备，不禁吃了一惊。

那老人在台上站定后，便大声说道：“女士们，先生们，对于抽烟的好处，除了这位先生讲的以外，还有三大好处哩！我不妨讲给大家听听。”

美国商人一听见老人说的这句话，转惊为喜，连忙向老人道谢：“谢谢您了，老先生。我看您的相貌不凡，气质儒雅，肯定是位学识渊博的老人，请您把抽烟的三大好处当众讲讲吧！”

老人微微一笑，立刻讲起来：“第一，狗见到抽烟的人就害怕，就逃跑。”台下的人很是莫名其妙，商人则暗暗高兴。“第二，小偷不敢到抽烟人家里去偷东西。”台下的人连连称怪，商人则喜形于色。“第三，抽烟者永远年轻。”台下的人一片轰动，商人则满面春风，开心地鼓起掌来。

然后老人把手一握，说：“女士们，先生们，请安静，我还没说清楚为什么会有这样三大好处呢！”商人格外高兴地说：“请您快讲呀！”“第一，在抽烟的人中驼背的居多，狗一看到他们以为拾石头打它哩，它能不害怕吗？”台下的人发出了笑声，商人则吓了一跳。“第二，抽烟的人夜里爱咳嗽，小偷以为他没有睡着，所以不敢去偷东西。”台下的人一阵大笑，商人则冷汗直冒。“第三，抽烟的人很少有长寿的，所以永远年轻。”台下的人一片哗然。

此时，大家一看，不知什么时候倒卖香烟的商人已经溜走了。随着这样的步步深入，几个“迂回”，那个商人能不溜走吗？

一个具有高明说话技巧的人，可以在最短的时间内听出别人感兴趣的话题，同时能够说得适时适地，说得非常好。也就是说他能把听者想要听的事情，在他们想要听的时间之内，以恰当的语言说出来，而又在恰当的时机，话锋一转。所谓正话反说，这真是一种无与伦比的才能，相信有了这种出色的口才，你在人际交往中一定会如鱼得水。

与人交谈，有时就是一个说服人的过程，但这可不是一件容易的事情，在说服别人时要尽量做到以理服人，以德服人，以情服人。

正话反说能够使语言的讽刺意味更为辛辣。

柳诒徵是我国著名的历史学家，著有70多万字的《中国文化史》，在历史学界影响很大。

一天，一位自诩为“新学者”的青年跑到柳老那里，说：“线装书陈腐不堪，对社会简直一点用处都没有，不如付之一炬。”

柳老微微一笑，口气平和地说：“你这个主意，我非常赞同。但我还有更好的建议。这行动不做便罢，要做就应该做得彻底；否则，这儿烧毁，那儿没烧毁，还是起不了很大作用。应当来一个全国统一行动，把所有的线装书通通付之一炬。不，这还不够，把我国的线装书全烧毁，世界各国图书馆里还有许多线装书被珍藏，不把这些书统统烧光，说不定它们还会‘走私’进来，又重新在中国蔓延，这样，我们就会前功尽弃了。所以，不仅中国的线装书要烧掉，全世界的线装书都要统一行动，全部烧光。这样，不但线装书不会在中国蔓延，而且外国许多汉学家，也不会孜孜不倦地钻在古书纸堆了。否则，他们如果来华访问，在经史子集上提出些问题，和我们商榷，我们瞠目结舌，无言对答，岂不贻笑大方，太难为情了吗？”年轻的“新学者”听后，面红耳赤，只好匆匆地道别。

作为一个堂堂的大历史学家，柳老竟然赞同焚烧线装书，甚至提出必须烧毁全世界的线装书，其反讽之功不愧是老辣圆熟。就算那位“新学者”再迟钝，也不会听不出柳老言语中的讽刺之意。

真理再向前迈一步就会成为谬误。正话反说是一种高明的说话技巧。本来准备对对方的观点进行否定，却先在表面上进行肯定，使否定的内容巧妙地蕴涵在肯定的形式里面，结果虽令人猝不及防，却使人在善意的嘲讽中明白说话人的本意，从而心悦诚服地接受。总之，正话反说的效果源于它的“放大镜”作用，荒谬之上再加上更荒谬，则荒谬就无处躲藏、显而易见了。

正话反说一定要说得恰到好处，一定要说到点子上，要让对方听出与字面相反的意义，从而让对方改变主意。这种方法对性格固执、自以为是，而且善于狡辩的人最有效果，在正面劝导无法奏效的情况下，不妨试试正话反说之法。

自我批评术——要学会自我批评

在漫漫人生路中，一时迷失方向，是不足为奇的。人非圣贤，孰能无过？无论是什么人，都要学会自我批评。学会了自我批评，就犹如在黑暗中把握住了指路明灯，懂得了自我批评，就好像在茫茫大海中找到了高高的灯塔。

在飞机将要起飞的时候，有一位乘客请求空姐给他倒一杯水吃药。空姐很有礼貌地说：“先生，为了您的安全，请您稍等一会儿，等飞机进入平稳飞行后，我会立刻把水给您送过来，好吗？”

15分钟过去了，飞机早已进入了平稳飞行状态。突然，乘客服务铃急促地响了起来，空姐猛然意识到：糟了，由于太忙，她竟忘记给那位乘客倒水了！当空姐来到客舱的时候，看见按响服务铃的果然是刚才那位乘客。她小心翼翼地把水送到那位乘客跟前，面带微笑地自我批评道：“先生，实在对不起，由于我的疏忽，延误了您吃药的时间，我感到非常抱歉。”这位乘客并没有说话，一脸不愉快的神色。

在接下来的飞行途中，为了补偿自己的过失，每次去客舱给乘客服务时，空姐都会特意走到那位乘客面前，面带微笑地询问他是否需要水，或者别的什么帮助。然而，那位乘客依旧不理会空姐，但这并没有改变空姐的态度，空姐依然很真诚地道歉，并批评自己的疏忽和大意。

快要到目的地了，空姐再一次向这位乘客批评自己的时候，这位乘客说话了："其实我内心早就原谅你了，谁没有个粗心大意的时候呢？你刚才一直在批评自己，让我都感到很过意不去，现在应该是我向你道歉。"

下飞机前，这位乘客还在留言本上特意表扬了这位空姐，并对自己的行为做了批评。

自我批评是指在出现问题的情况下，预先对自己进行批评，并且敢于负责。在人际关系学里，这首先就让对方从内心里接受了你的诚恳和真实，从而给予你更多的肯定。

在夏朝的时候，一个背叛的诸侯有扈氏率兵入侵都城，夏禹派他的儿子伯启抵抗，结果伯启打败了。他的部下很不服气，要求继续进攻，但是伯启说："不必了，我的兵比他多，地也比他大，却被他打败了，这一定是我的德行不如他，带兵方法不如他的缘故。从今天起，我一定要努力改正过来才是。"从此以后，伯启每天很早便起床工作，粗茶淡饭，照顾百姓，任用有才干的人，尊敬有品德的人。过了一年，有扈氏知道了，不但不敢再来侵犯，反而自动投降了。

作为一个理性的人，首先要学会的是自我批评，只有看清自己，自己行为端正，没有错误，立场正确，才能批评别人。

第四章

左右逢源的说话应变术

一个人要想在社会上立足，就离不开良好的人际关系，为人处世正是拓展人际关系的最佳途径。在与人的交往中，良好的口才起着举足轻重的作用。面对形形色色的人，你如果以虔诚的态度，以艺术的语言形式机智地应对，你的事业就会如鱼得水。

标尺术——给别人一个行为的标尺

“要一个人有优点，就得让这个人去担负起这项优点”，这是英国首相丘吉尔的名言。人人都有趋善心理，都希望自己是善良、受人尊敬、被人爱戴的。借助于这种高尚动机，把别人形象设计的标尺定高一点，就可以促使别人去扮演高尚的角色。

最了解人们这种心理特点的，当数刑警了。他们总是特别善于这样的“攻心术”：“你本来不是个会杀人的坏人，你的邻居也都说你很孝顺，但是你这样闷声不语，最伤心的还是你母亲，你是要做个孝顺儿子，还是让母亲伤心……”这番话给嫌疑人冠上“孝顺”的标签，他多半就会采取“孝子”的行动了。

还有这么一件事：一位妇女带着个小孩上了火车，车上位子已满，而这位妇女旁边，一位小伙子却在躺着睡觉，一个人占了两个人的位子。孩子哭闹着要座位，小青年却装作没听见。这时，小孩子的妈妈说话了：“这位叔叔太累了，等他睡一会儿，他就会让你的。”几分钟后，小青年起来客气地让了座。

显而易见，这个青年开始并不“高尚”，甚至算不上讲道德，但他后来为什么转变了呢？就是因为小孩妈妈给他确立了一个高尚的角色标尺：他是很善良的人，只是由于过度劳累，而无法施善行。趋善心理使得小伙子无法拒绝扮演这个“善良”的角色——确切地说，他是非常乐意去扮演的。他会因此觉得自己是一个道德高尚的人，从而获得极大的满足感。

人人都不愿意承担恶名，连刽子手、战犯、政治流氓等一些臭名昭著的人都要借助于一些高尚的名词粉饰自己，对于那些有小错误的普通人，难道有必要加个罪名，将其一棍子打死，然后让他们在众人的冷眼怒目中自暴自弃吗？多一份鼓励和信任，辅以适当的疏导，对方就会尽量克服自己的弱点，去报答你的赞美。

把好的可能培植在善良的土壤里，把坏的可能扼杀于萌芽状态，这就是用高尚动机进行角色形象设计的妙处。因此，我们在说服他人时，如果能以赞赏、肯定的态度给其一个高尚的角色定位，激发起他的高尚动机，那么我们的说服必将很快奏效。

搭桥铺路术——一步一步引导对方

在辩论中，有些时候自己的一些观点不能够直接提出，应该搭桥铺路，一步一步地引导对方，使对方在不知不觉中接受自己的论点。或者利用事先做好的准备，让别人一点一点地理解，从而实现自己的目的。

齐宣王治国无方，孟子对其进行了劝谏。在劝谏时，孟子运用的就是搭桥铺路、步步引导的方式，使得齐宣王最终明白了孟子的意图。

孟子问道：“如果您因为有事要到楚国去，就把自己的妻子儿女托付给一位朋友照看。但是，等您回来时，却发现自己的妻子儿女都在挨饿受冻。那么，对这样的朋友，您觉得应该怎样对待？”

齐宣王毫不犹豫地答道：“我会立刻跟他绝交。”

孟子又问道：“如果负责刑法的长官却管理不好自己的下属，对于这样的人，您觉得应该怎样处置？”

齐宣王答道：“我会撤掉他。”

孟子再次问道：“那么，如果在一个国家中，政治十分混乱，您觉得应该怎么办？”

齐宣王终于无言以对，只好顾左右而言他了。

在这个例子中，孟子采取了假言设问和步步引导相结合的提问方式，诱导齐宣王作出答复。在前两个问题中，因为与己无关，齐宣王回答得非常干脆，非常肯定。然而，当孟子提出最后一个问题，也就是针对齐宣王自身的关键问题时，齐宣王却无言以对了。

如果没有第一和第二两个问题做铺垫，而直接提出第三个问题，势必会引起齐宣王的不满，孟子甚至会因此获罪。孟子正是考虑到这一点，所以才采用这种搭桥铺路的方式，通过一步步追问，使齐宣王最终明白了自己的真正目的。

并且，在这个过程中，孟子也使齐宣王明白了一些治国之道（处罚那些不讲信用的小人，整治玩忽职守的官吏），因此，可以使齐宣王在反思的过程中体会到自己的良苦用心，从而接受自己的建议。

不过一定要注意，运用这种方式时，千万不要操之过急，不要把自己的追问变成逼问，否则就会激起对方的反感情绪，这对自己是非常不利的。要想此法运用得当，就必须巧设问题，并且善于察言观色，根据对方的表情和心情巧妙提问，那样才会收到令自己满意的效果。

当然，这种方法不是对生活中的任何人都管用的，使用时一定要分清对象，并且要选择合适的时间和地点，比如，在对方心情好时或者是对方兴致高时。但是，千万要记住，使用时一定要小心把握，不可太过分，否则对方就会讨厌你，你也就别想达到自己的目的了。

寒暄术——寒暄是一种重要的礼节

寒暄又叫打招呼，是人与人之间语言沟通的方法之一，是交谈的润滑剂，它能增进朋友之间的感情，让不相识的人相互认识，使不熟悉的人相互熟悉，把单调的气氛活跃起来，为双方进一步沟通架起友谊的桥梁。

1984 年 9 月，中国与英国关于香港问题的第 22 轮会谈在钓鱼台国宾馆开启。

中方代表周南和英方代表伊文思相遇并寒暄起来。

周南说："现在已经是秋天了，我记得大使先生是春天前来的，那么就经历了三个季节了：春天、夏天、秋天——秋天是收获的季节啊！"

这是发生在中英关系史上的一次重要谈判，时间是 1984 年秋季——达成协议的关键时刻，内容是我国对香港主权的收复问题。周南在这次轻松的寒暄中，运用暗示、双关的手法，巧妙利用谈判的时令特征，即秋天的特点及其象征意义——成熟与收获，将我方诚恳的态度和希望以及坚定的决心，含蓄委婉地表达了出来。

这种寒暄意味深长，具有强烈的针对性和灵活的策略性，无穷之意尽在言外。

恰当的寒暄，能给无助的人以安慰，给孤寂的人以关怀，给痛苦的人以欢乐，并由此沟通感情、联络友谊，使你的人际交往达到水乳交融的佳境。学会如何寒暄，你就能在社交场合如鱼得水、游刃有余。

激将术——请将不如激将

激将术，通常是从反面刺激对方，使其接受建议，从而达到激励的效果。有时由于种种原因，有的人正面鼓动难以奏效，就不妨有意识地运用反面刺激法，直接贬抑对方，以激起对方的正面心理冲动，使其在不自觉中接受建议。

某公司进行人事制度改革，公开招聘中层干部，大伙希望年轻有为的大学生小赵揭榜应聘。可是小赵却瞻前顾后、犹豫不决，大伙一时也不知该如何说服他。这时，一位同事便采取激将法，一脸鄙夷地对小赵说："小赵啊，你可是个大学生，学了一肚子知识，却连个部门的担子都不敢挑，真是个窝囊废！""我是窝囊废?！"小赵一急之下，当场揭榜应招。从心理学角度看，激将术其实就是想方设法激励人们产生超越自我的好胜心理。

使用"激将法"说服他人，要掌握以下两个原则：

1. 要看准对象

激将法有一定的适用范围，一般说来，适用于那些社会经验不太丰富，且容易感情用事的人身上。对于那些沉稳持重、办事稳妥、社会经验丰富的人，激将法是难以发挥作用的。

同时，激将法也不宜用于那些自卑感强、性格内向、做事谨小慎微的人。因为语言过于刺激，会被他们误认为是对他们的挖苦、嘲笑，并极有可能导致怨恨心理。所以，选择好对象是激将法成功的第一要义。

2. 要讲究分寸

激将法要讲究使用语言的分寸。锋芒毕露或过于刻薄的语言，容易使对方形成反抗心理；而语言无力，不痛不痒，则又难让对方的情感产生震撼。因此，在使用激将法时，一定要注意言辞的分寸，既要防止过度，又要避免不及。

耐心术——为达目的而软磨硬泡

耐心术常见的表现形式为软磨硬泡，有些死皮赖脸的味道。耐心就类似于攀缠之术，攀缠立足于韧性与耐心，着眼于感化对方，即所谓"精诚所至，金石为开"。

谈判的一大禁忌就是遇到困难就退缩，或没有耐心，一味追求速战速决。有很多事情，不是一时半会儿就可以解决的，你要找出问题的症结，了解对方的意愿程度，考验对方的实力，找出对方的弱点，知道对方的要求，或者要改变对方的期望程度，甚至应该知道对方处在压力下会做出什么选择，这一切都是需要时间的。如果没有坚强的意志、毅力，是不会达到你理想的目标的。

俗话说："人心都是肉长的。"不管双方之间的差距有多大，只要你善于用行动证明你的诚意，就会促使对方去思考，进而理解你的苦心，转变想法，那时你就将"磨"出希望。

日本"推销之神"原一平，小时候是村里的"混世魔王"，人见人怕。由于声名狼藉，23 岁那年他便只身一人来到东京开始创业。55 岁时，他已经成为日本保险界赫赫有名的人物，阔别家乡十几年的他，终于高高兴兴地回家了。

原一平这次回家有两个目的，一是想让家乡人知道当年的"混世魔王”已经改好了，二是想在自己家乡开展保险业务。所以回到家乡不久，他便大力宣传保险知识。遗憾的是村民根本不相信当年的“混世魔王”，怕吃亏，谁也不愿参加保险。原一平思来想去，觉得若想在村里开展保险业务，就必须要得到村长的帮助。

村长是当年和原一平一起玩的朋友，而且当时原一平经常欺负他，如今想要获得村长的帮助，肯定很不容易。不过，原一平没有放弃，找了时间带着礼物来到村长家。村长一看是当年的“混世魔王”回来了，不禁想起他以前在村里做的坏事。

当原一平提及让村长帮忙动员村民们一起学习保险知识、积极投保的时候，村长一口回绝了。

第二天，原一平又带着礼物来了，村长有点不好意思了，但依然一口回绝了。

第三天，原一平又来了。不过这次村长的家人告诉他说，村长到几十里外的邻县亲戚家帮忙盖房去了。原一平得知这个消息后，明白村长是故意不见他。于是，他骑车按照村长家人说的地点追了过去，车子一放，袖子一挽就干活，干完活还和村长“磨”。

为了找一个长谈的时机，第四天原一平干脆天不亮就起床，冒雨赶到村里，在村长家门外一站就是两个钟头。村长起床开门愣住了，见原一平像只落汤鸡，终于被原一平的诚意感动了。

村长这个堡垒一攻破，这个村参加保险工作的局面就打开了。

作为一名说服者，要永远记住，不到最后的时刻，永远不要放弃你的目标。就是达不到目的，你也不会有新的损失，你仍然会取得你已经取得的说服成果。

1928 年，著名的松下公司急需一笔项目的建设资金 1.95 万日元。但当时的松下公司还处于起步阶段，资金也不雄厚，公司的账面上仅仅有5000日元，也就是说尚有1.45万日元的缺额。怎么办？当时的松下公司只能选择向银行贷款。

松下和银行负责人见面，说明了公司的项目，要求贷款1.45万日元。银行经理详细询问了整个项目的细节，决定和总行协商后再作出答复。三天以后，总行答复出来了：同意贷款，但这种贷款不能是无担保的形式，银行方面要求松下以土地、建筑物乃至松下的信誉来做担保。

尽管贷款有了着落，但却不是松下所希望的那种方式。对银行方面的做法，松下心中不那么满意：以松下的“信誉”做担保，让人总觉得不那么舒服。把松下的“信誉”赌了出去，如果在投资上真的遇到风险，那松下公司将如何发展呢？在松下看来，信誉是无价的，是无论如何也不能抵押出去的。松下考虑，最理想的结果应该是无担保贷款。既然现在的结果不理想，那就应该凭着一种执著和自信，继续向银行提出新的请求。于是松下向银行方面提出了松下公司的想法：“对贵行的决定，我表示衷心感激。但如果以不动产做担保，恐怕会影响到企业的形象，不仅对公司不利，将来对贵行可能也会有所影响。所以，我冒昧地请求，贵行是否可以提供无担保贷款？”

银行方面显得有些犹豫不决。松下接着说：“偿还贷款，给我们公司两年时间就足够了，请放心。我厂的土地权利书和建筑物权利书，都可以交由贵行保存。我很希望贵行能给松下公司一次机会。”

经过松下的耐心说服，银行方面终于同意了松下的请求，答应再和总行联络一次。两三天以后，银行通知松下，决定对松下公司提供无担保贷款1.45万元。

这种软磨硬泡的谈判方法并不是人人都能掌握的，只有控制好火候，才能充分发挥其作用，为此还必须掌握以下几点：

1. 要有足够的耐心等待

当求人办事的过程中出现僵局时，人通常会烦躁、恼火，甚至发怒。然而，这于事情的解决没有任何帮助。你应理智地控制自己的情绪，采取忍耐的态度，不焦不躁，等待对方的答复。有了这种心态，你才能在精神上使自己处于有利的地位，你才能够不乱方寸，调动自己全部的聪明才智，想方设法打破僵局。

2. 要抓住办事时机

“磨”可不是消极地耗时间，也不是和对方耍无赖，而是抓紧时机，采取积极的行动去影响对方、感化对方，促进事态向好的方面转化。一味地消极等待，或一味地施加压力，都不是解决问题的办法。软磨硬泡，用真诚的姿态融化隔阂的坚冰，才是这种沟通方法的精髓所在。

情感术——以情动人，以情成事

在说服对方之前，需要先了解对方的内心需求，通过满足对方的这种需求，令对方折服。也就是说，在说服对方之前，要先攻破对方的心，让对方从心里边对自己佩服，或者是感激，这就可以为进一步的说服打下基础。

利维就是利用这种方式，赢得了弗兰克的信任。利维是一家影片进出口公司的老板。后来，他对闭路电视产生了浓厚的兴趣，便组织了研究小组，对这一产品进行研发。

研究小组有三位主要专家，其中一位叫弗兰克。此人脾气古怪，性情暴躁，动不动就和别人争得面红耳赤。他几乎和研究小组的上上下下都吵遍了，连利维也包括在内。研究小组的成员都对弗兰克非常不满，纷纷向利维诉苦。但利维也没有办法，他找弗兰克谈了几次，结果都无济于事。弗兰克又是一位非常有能力的专家，研究小组不能没有他，对此，利维头疼极了。

一天，在一个实验问题上，弗兰克同研究小组的另一位成员意见不合。为此，弗兰克大动肝火，又拍桌子又摔东西，利维过去劝阻，也被他大骂了一顿。正在他们闹得不可开交时，弗兰克的小女儿安妮走进了实验室。

小女儿看见爸爸那副怒发冲冠的样子，吓得哭了起来。弗兰克见状，再也顾不上同别人吵架，赶忙跑过去，赔着笑脸哄逗她。

看到这一情景，利维心里猛地一亮，顿时明白了一件事情：弗兰克虽然脾气暴躁，跟谁都起冲突，但对自己的小女儿却百依百顺，视为掌上明珠。不难看出，小女儿是他情感上的“死穴”。

为了使弗兰克改变作风，更好地工作，利维立刻在公司附近为他租了一幢非常漂亮的房子，好让他有更多的时间和女儿待在一起。

当时，利维手头的资金十分紧张，还为弗兰克租房，使弗兰克心里很是过意不去。因此，尽管利维再三动员，弗兰克还是坚持不搬。

最后，利维说：“搬不搬家，恐怕由不得你了。”

“什么？”弗兰克提高了嗓门，大声说，“我自己不愿意，你还敢强迫我不成？”

“我当然不会逼你，不过，你的千金安妮已替你做主了。”利维微笑着看着他，继续说道，“她说你心情不好，容易发脾气，这会伤身的。如果她能住在附近照顾你，你就不会发脾气了。起初，我也拿不定主意，可是安妮最后还说：‘我爸爸多可怜啊，我不能让他再忍受孤独了。’”

听了这话，弗兰克的眼里充满了泪水，最终同意搬家了。从此之后，弗兰克更加努力地工作，脾气也好了许多，很少与人大声争吵。

在这个故事中，利维运用的就是情感术。他看懂了弗兰克的内心需要，明白安妮对他的作用，于是，就不惜重金在公司附近为弗兰克租了房子，使弗兰克感动不已，收敛了自己的坏脾气。

试想，如果利维不采用这种办法，而只是一味地训斥弗兰克，告诫他不准与别人争吵。弗兰克可能很难从命，更不会专心工作。

恽代英说过：“爱可以创造世界。”情感是思想工作的润滑剂，能打开对方的心扉，沟通彼此的心灵，有时一片真情胜过千言万语。情通则理达，以情“动人”有助于以理“服人”。有了感人的爱、动人的情，你说的话对方就愿听，你讲的理对方就会信服。因此我们一定不要忽视每一个小小的富有人情味的细节和举动，或许那正是我们人际关系和事业成功的关键。

双面术——说服他人的“变脸”法

日常生活中，一味地扮红脸，做好人，别人会认为你是面瓜。总是黑着脸要强硬或白着脸使诈，又会激化矛盾，处处受防而落得敌人满天下。高明的交际者，会红黑相间、红白并用，追求软硬兼施的巧妙效果。

扮黑脸做莽汉可消灭对手威风，做红脸好人可给人台阶，圆满收场。一会儿红脸，一会儿白脸，则教人捉摸不定。我们还可以

“演双簧”、说“对口相声”，一唱一和，恩威并施。扮白脸者给对手造成压力，构成威胁，然后由扮红脸者收场，缓和矛盾，取得满意的结果。这种搭配效果，与一人双面有异曲同工之妙。

柯伦泰是苏联一位很能干的谈判女将。她曾被苏联任命为驻挪威的全权贸易代表，经常与精明的挪威商人谈判。有一次，柯伦泰与挪威的商人谈判购买鲱鱼的问题。

谈判开始时，挪威商人很自信地伸出五个手指说：“就是这个价，五位数，不能再低了！要是不行，我们宁愿让这些鱼烂掉！”商人漫天要价，而且说得很坚决。

柯伦泰却一点也不着急，她伸出左手一根手指，很缓慢地说：“哪有这么高的价？只能一位数，超过这个价，我们就从别的国家进口。”

“什么?!”挪威商人几乎快嚷了起来，眼睛都瞪圆了：“您真是‘太精明、太能干’了！按您这个价，只配买一些鲱鱼的骨头！”挪威商人也是贸易谈判的老手。他故意抬高价格，以便跟对方讨价还价，最后使对方上当。所以当他说完以后，就笑眯眯地看着柯伦泰，看她如何应付。柯伦泰轻轻地摇了摇头，又伸出了指头说：“尊敬的先生，我刚才还说错了，鲱鱼的价格还应降低一些！”

“什么！还要降低？您是不是开玩笑？”商人太激动了，忍不住提高了声调。

“如果是开玩笑，也是您逼的呀！您如果有公平交易的诚意，那我可以提高一些价钱。”说着，柯伦泰伸出了两根手指。

挪威商人紧绷着脸，一言不发，直望着柯伦泰。显然双方谈得很不投机，这场谈判已经陷入了僵局。没料到的是，柯伦泰苦笑了一下，好像很为难的样子，叹了一口气说：“唉，我也不能太伤害你们的感情啊！好吧，我同意你们的价格吧！”

挪威商人顿时兴奋起来，他与别的商人交头接耳地小声议论着，他们心想：夫人，还是我们胜利了！

没想到的是柯伦泰又补充道："我虽然同意你们的价格，但如果我们的政府不批准也没办法。那只好由我自己的工资来支付差额，不过只能分期付款。从这情况看，我可能要还一辈子啊！"

柯伦泰刚一讲完，商人们的兴奋就烟消云散了，他们你看着我，我看着你，都皱起了眉头。

最后，这笔鲱鱼的生意终于成交，价格降到了挪威商人能接受的最低价格。当贸易协定签完后，商人们齐夸柯伦泰，说她太厉害了。

单一的方法只能解决单一的特定问题，且都有不可避免的"副作用"。对人太宽厚了，便约束不住；对人太严格了，则万马齐喑，毫无生气，有一利必有一弊，不能两全。高明的统治者都深谙此理，莫不运用红白脸相间之策，以趋利避害。有时两人连档合唱双簧，一个唱红脸，一个唱白脸。历史上不乏此类高手。

东魏独揽大权的丞相高欢，临死前把他的儿子高澄叫到床前，交代了许多辅佐儿子成就霸业的人事安排，特别提出当朝唯一能和心腹大患侯景相抗衡的人才只有慕容绍宗。说："我故不贵之，留以遗汝。"当父亲的故意唱白脸，做恶人，不提拔这个对高家极有用处的良才，目的是把好事留给儿子去做。

高澄继相位后，照既定方针办，给慕容绍宗高官厚禄，人情自然是儿子的，慕容绍宗感谢的是高澄，顺理成章儿子唱了红脸。没几年，高欢的另一个儿子、高澄的兄弟高洋顺顺当当登基成了北齐开国皇帝。这是父子连袂，红白脸相契，成就大事之例。

在用常规的说服方法不能奏效时，尝试一下红脸白脸这种方法定能起到意想不到的效果。但要注意一点：这种说服方法存在一定的风险，有时会导致一赢一输或双输的结果。如果使用不得当的话，会引起对方事后的厌恶，甚至仇恨。因此，绝不要对与你在同一机构工作的人或你想保持密切关系的人使用这种沟通策略。

首因术——说好第一句话

在社会生活中，我们经常要和陌生人打交道。初次见面时给人的第一印象非常重要。两个萍水相逢的陌生人，要想在短时间内消除彼此之间的陌生感、拉近彼此的距离，说好第一句话非常重要。在交谈中，这第一句话也就是开场白。可以说，说好了开场白，就拥有了一把打开陌生人心扉的钥匙。

1. 几种开场白的方式

下面介绍几种开场白，只要你能灵活掌握，运用这些方法，就能在沟通交谈中收到事半功倍的奇效。

（1）攀亲认友式。一般来说，对任何一个素不相识的人，只要事前作一番认真的调查研究，你都可以找到或明或隐、或近或远的亲友关系。而当你在和陌生人见面时，如果能够及时拉上这层关系，就能使对方产生亲切感，一下子缩短双方之间的距离。

三国时期的鲁肃就是一位攀亲认友的能手。他跟诸葛亮初次见面时的第一句话就是："我是你哥哥诸葛瑾的好朋友。"这一句话就使交谈双方的陌生感消失了，为孙权跟刘备结盟共同抗击曹操打好了基础。有时，对异国初交者也可采用攀亲认友的方式。1984 年 5 月，美国总统里根访问上海复旦大学。在一间大教室里，面对 100 多位初次见面的复旦学生，里根总统的开场白就紧紧抓住彼此之间还算“亲近”的关系：“其实，我和你们学校有着密切的关系。你们的谢希德校长同我的夫人南希，都是美国史密斯学院的校友呢。照此看来，我和各位自然也就都是朋友了！”此话一出，全场掌声雷动。短短的两句话就使100多位黑发黄肤的中国大学生把这位碧眼高鼻的“洋”总统当成了十分亲近的朋友。接下来的交谈气氛自然十分热烈、融洽。你看，里根总统这段开场白设计得多么巧妙！

（2）扬长避短式。人人都有长处，也都有短处。一般来说，人们都希望别人多谈自己的长处，讨厌别人多谈自己的短处，这是人之常情。跟初识者交谈时，如果以直接或间接赞扬对方的长处作为开场白，也能使对方对你产生好感和继续交谈的愿望。反之，如果有意无意地提及对方的短处，对方的自尊心多半就会因此受到伤害，对你爱答不理，“话不投机半句多”。

日本作家多湖辉所著的《语言心理战》一书中记述了这样一件趣事：被誉为“销售权威”的霍依拉先生的交际诀窍是：初次交谈一定要扬人之长、避人之短。有一回，他为了替报社拉广告，去拜访梅伊百货公司的总经理。一番寒暄之后，霍依拉突然发问：“您是在哪儿学会开飞机的？总经理能开飞机可真不简单啊。”话音刚落，总经理兴奋异常，谈兴勃发。广告之事当然不在话下，霍依拉还被总经理热情地邀请去乘坐他的自备飞机呢！

（3）表达友情式。用三言两语恰到好处地表达你对对方的友好情意，或肯定其成就，或赞扬其品质，或欢迎其光临，或同情其处境，或安慰其不幸，就会顷刻间温暖对方的心田，使对方油然而生一见如故、欣逢知己的感觉。

美国艾奥瓦州的达文波特市，有一个极具人情味的服务项目——全天候电话聊天。每个月有近两百名孤单寂寞者使用这个电话。主持这个电话的专家们最得人心的一句话是:“今天我也和你一样感到孤独、寂寞、凄凉。”这句话表达的是对孤单寂寞者的充分理解之情,因而产生了强烈的共鸣作用,难怪许多人听后都愿意把自己的知心话向主持人倾诉。

(4)添趣助兴式。用风趣活泼的语言可以扫除跟陌生人交谈时的拘束感和防卫心理,达到活跃气氛、增加对方交谈兴致的目的。

要三言两语就惹人喜爱,使人感觉一见如故,关键的功夫要花在见面交谈之前。在上面所讲的事例中,人们之所以能获得成功,除了拥有高超的语言技巧之外,无一不是在见陌生人之前就早已了解了他们的大概情况。美国总统富兰克林·罗斯福跟任何一位来访者交谈,不管是牧童还是教授,不管是经理还是政客,他都能用三言两语赢得对方的好感。他的秘诀就是:在接见来访者的前一晚,必定花费一定的时间去了解来访者的基本情况,特别是来访者最感兴趣的话题。这样,在见面交谈时就能有的放矢。

2. 说好第一句开场白的两大注意事项

说好第一句话,仅仅是良好的开始。要谈得有味,谈得投机,谈得其乐融融,有两点还要引起注意。

(1)双方必须确立共同感兴趣的话题。有人以为,素昧平生,初次见面,何来共同感兴趣的话题?其实不然。只要善于寻找,何愁没有共同语言?一位小学教师和一名泥水匠,两者似乎是没有什么共同话题的。但是,如果这个泥水匠是一位小学生的家长,那么,两者可以就如何教育孩子各抒已见、交流看法,如果这个小学教师正在盖房或装修,那么,两者可就如何购买建筑材料,选择装修方案沟通信息,切磋探讨。只要双方留意、试探,就不难发现彼此对某一问题的相同观点,某一方面共同的兴趣爱好,某一类双方都关心的事情。有些人在初识者面前感到拘谨难堪，只是没有发掘出共同感兴趣的话题而已。

（2）注意了解对方的现状。要使对方对你产生好感，留下不可磨灭的深刻印象，还必须通过察言观色，了解对方近期内最关心的问题，掌握其心理。例如，知道对方的子女今年高考落榜，因而举家不欢，你就应劝慰、开导对方，说说“榜上无名，脚下有路”的道理，举些自学成才的实例。如果对方子女决定明年再考，而你又有自学、高考的经验，则可现身说法，谈谈高考复习需要注意的地方，还可表示能提供一些较有价值的参考书。在这种场合，切忌大谈榜上有名的光荣。即使你的子女考入名牌大学，也不宜宣扬，不能津津乐道、喜形于色，以免对方感到脸上无光。

说好你的第一句话，能够赢得陌生人的好感，迅速地拉近彼此之间的距离，甚至让对方对你产生一见如故的感觉。说好你的第一句话，就相当于为双方进一步的交往和交流开了个好头。

行为术——察言观色后发制人

一个人的心理活动及内心意图，会在具体的态度、态势表现出来，所以我们可以通过观察别人所表现出的态势、态度，来了解他们的心理活动和内心意图。

有位心理学家曾经说过：“在世界的知识中，最需要学习的就是如何洞察他人。”我们如果能在交际中察言观色、随机应变，就能取得良好的交际效果。

心理学研究表明，外界事物对人大脑某部的刺激，往往会使人体内部某些相应组织的机能在一个短时间内出现异常现象。也就是说，人的喜怒哀乐，除了通过口头语言，更多的则是通过人的神态、动作来表现的。同时，由于个性差异，每个人思想和感情的流露，又多包含在一种与众不同的习惯性动作、神态当中。在沟通过程中，如果你能做到从两个方面洞察对方，那么，你就算成功了一半。

一次，解缙与明太祖朱元璋在金水河钓鱼。整整一个上午朱元璋都一无所获，他十分懊丧，便命解缙写诗记之。没钓到鱼已是够扫兴了，这诗怎么写？按实记有讽刺皇上的嫌疑，按虚记又是欺君罔上。解缙不愧为才子，稍加思索，立刻信口念道："数尺纶丝入水中，金钩抛去永无踪。凡鱼不敢朝天子，万岁君王只钓龙。"朱元璋一听，龙颜大悦。

在与人交际的过程中，学会了从对方的举止态势来揣摩对方的心意，该进则进，该退则退，就能达到说话的目的。否则，就有可能因为说话失误而惹出麻烦。

例如唐朝的孟浩然，才华横溢，且名传京师，也很想到政坛上一展身手，却因为一时不慎，说了错话，导致一生不仕。有一次，他得好友王维推荐，与唐玄宗见面。玄宗久闻孟浩然之名，当下便让他朗诵自己的诗作。不料，诗中有"不才明主弃，久病故人疏"一句。玄宗以为孟浩然是在讽刺他不分贤愚、埋没人才，于是龙颜大怒，说："我并没有嫌弃你，是你自己不来做官，怎么能怨别人呢？"孟浩然是个明白人，他知道这一下仕途是绝对无望了。"当路谁想假，知音世所稀。只应守寂寞，还掩故园扉。"于是只得告别友人，离开长安回到故乡过起了隐居生活。

俗话说"出门观天色，进门看脸色"。观天色，可以由天色推知阴晴雨雪，以便提早准备，免受日晒雨淋。看脸色，就可以窥知交际对象的情绪。

圆场术——说话要学会打圆场

在人际交往中，任何人都难免有失言的时候，此时，关键是随机应变，设法缓和和化解因失言造成的尴尬和僵局。这就要求说话者调整思维，巧妙应答，用别出心裁的话语为自己或别人打圆场。这时，不要就事论事，而应换一个角度，尽力以新的话题和新的内容把原来的问题引开或转移，分散对方的注意力，但又不完全推翻原来的表达方式。

纪晓岚曾主修《四库全书》。有一次，乾隆皇帝带着几个随从突然来视察工作。当时正值夏天，纪晓岚比较怕热，正光着膀子和几个办事人员闲聊。其他人一见皇帝来了，连忙上前接驾，只有高度近视的纪晓岚没有看出是乾隆皇帝，忽见其他人在前边接驾，才大吃一惊，心想：如果就这样光着膀子接驾，岂不犯了亵渎万岁之罪？大概皇帝还没看见自己，还是先躲一下为好。于是，仓皇之间钻到办公的桌子底下藏了起来。

其实，乾隆皇帝早已看见了他的举动，也猜透了纪晓岚的心理，却佯装不知，故意在椅子上坐了下来。

纪晓岚在桌子底下缩作一团，大汗淋漓却又不敢出声。就这样过了两个时辰，纪晓岚听不到乾隆说话的声音，以为他走了，就鼓起勇气低声问道："老头子走了没有？"

乾隆皇帝在一旁听得清清楚楚，立刻板起脸孔，厉声问道："纪晓岚，你见驾不接，我且不怪罪于你。你叫我'老头子'是什么意思？你要一个字一个字地给我讲清楚，否则可别怪我无情！"

纪晓岚吓了个半死，只好无可奈何地从桌子底下爬出来，穿上衣服，俯伏在地，不住地磕响头，并连称："死罪！死罪！"接着，慢条斯理地解释道："万岁不要动怒，奴才之所以称您为'老头子'，确是出于对您的尊敬。先说'老'字，'万寿无疆'称'老'。我主是当今的有道明君，天下臣民皆呼'万岁'，故此称您为'老'。"

乾隆听后，点了点头。

纪晓岚接着说："'顶天立地'称为'头'。我主是当今的伟大人物，是天下万民之首。'首'，头也，故此称您为'头'。"

乾隆皇帝边听边眯着眼睛笑，很是满意。

纪晓岚见此情景，知道自己的话迎准了乾隆的心思，于是拉长了声音说："至于'子'字嘛，意义更明显。我主乃紫微星下凡，是天之骄子也，因此天下臣民都称您为天'子'。"纪晓岚说到这里，稍微停了停，又说，"皇上，这就是我称您为'老头子'的原因。"

乾隆皇帝高兴地点了点头，不再追究他了。

纪晓岚在说错了话之后，迅速地向乾隆承认了自己的错误，接着巧妙地"曲解"了"老头子"的原意，成功地转移了话题，让乾隆由怒转喜，机智地给自己打了个圆场。

学会打圆场，可以淡化或消解矛盾，使气氛由紧张变为轻松，由尴尬变为自然。所以我们在日常生活中，不仅要学会给自己打圆场，更要学会帮别人打圆场。用巧妙的话语替别人解围、给别人台阶下，这样不但能缓和尴尬的气氛，别人也会很感激你。

那么，如何来打圆场呢？

1. 用动听的话打圆场

用动听的话获得顾客的欢心，是师傅成功给徒弟解围的第一要诀。每个人都爱听好听的话，师傅正是利用了人们这一心理，在顾客抱怨时，有针对性地选择动听的话来讨人欢心。这样一来，自然就消除了顾客的不满和抱怨，让顾客笑着离开。

2. 用辩证的眼光打圆场

任何事物都包含两面性，其中对与错、利与弊都是相对的。辩证地看问题，引导别人换个角度看问题，是打圆场的另一个技巧。师傅针对不同的情况，用巧妙的语言去解释，让顾客从一个新的角度去看原来的不满之处，并体会到其中的妙处，从而高兴地接受了师傅的观点。

3. 用幽默的语言打圆场

幽默是化解尴尬的良方，幽默的话语能够使人转怒为喜，开怀一笑。比如说，师傅使用的"首脑"一词就很幽默，将"头"说成是"首脑"，调侃又不失文雅，庄重又不失风趣，还顺便"提升"了顾客的身份，顾客能不因此开心大笑吗？那一句"进门苍头秀士，出门白面书生"，也很诙谐幽默。那句'顶上功夫'速战速决，为您赢得了时间，您何乐而不为"的解释，在幽默中又蕴涵了几分与时俱进的意味，很有时代气息，这就大大增强了话语的感染力和说服力。

打圆场是一种说话的艺术。认真学习并掌握这种艺术，就能在特定的场合帮自己或他人有效地摆脱尴尬和困境，同时展示出你机智过人的谈吐与无穷的个人魅力。

以谬制谬术——以其人之道还治其人之身

在与人打交道的过程中，我们常常会遇到这样的情况，对方蛮横无理，为了达到目的，他们甚至用荒谬的理由来反驳我们，妨碍我们的行动。这种时候，最好的应变方法就是用他们的荒谬逻辑去形成一种理论，反过来去制伏对方。即让他们以己之矛攻己之盾，从而使对方的荒谬理论不攻自破。

四川泸州某养殖场向贵州某孵化厂订购了一批良种鸭仔，双方议定价格后签订了合同。合同规定：由卖方代办运输，货到后如数付款。不料卖方在运货中管理不善，致使这批鸭仔在中途死去几千只。由于合同上未提及损耗之事，卖方便借机要买方承担损失，死鸭活鸭一块儿如数付款。买方经办人自然不依，说："我们是养殖场，不是烤鸭店，死鸭仔怎能要活鸭的钱？"

卖方说："合同上不是说货到如数付款吗？难道死鸭仔不是鸭仔？"这么一问，倒把买方经办人问住了，一时没了词。正在这时，该养殖场场长走了过来，笑着朝卖方经办人说："哎，同志，请问你家几口人？"

"五口。"对方脱口答道。

"哪五口？"场长又问了一句。

"一老母，夫妻俩，俩孩子。你问这个干什么？"

"你父亲、祖父母呢？"

"早死了。"

"难道他们就不是你家中的人了吗？"

"唔？"对方一听，自知理亏，只好答应承担损失，一场干戈就此平息了。

这场纠纷理亏在何方，明眼人一看便知，卖方硬钻合同的空子，实属无赖行为。而买方的养殖场场长，"以其人之道，还治其人之身"，将"皮球"反踢回去，让对方搬起石头砸自己的脚，实乃高明之举。

以谬制谬有两种方法，一种是对对方的逻辑和结论不作正面反驳，而是把它作为前提加以演绎和引用，引到一个显而易见的荒谬的结论上去，再由结论的荒唐从反面证明对方的错误。第二种便是模仿对方的推理方法，使趣味升级，从而达到制伏对方的目的。

有一天，古希腊的文学家欧伦斯比格去饭店用餐，店主的牛肉没有烤好，可是他很饿。店主建议说："你要是等不及正餐，就可以随便先吃点现成的东西。"于是，他就吃了不少干面包。吃饱之后，他坐到烤肉炉边。等肉烤熟后，店主请他上桌就餐，在等的过程中他随意说了句："烤肉的时候，我光闻味儿都闻饱了。"说完之后就躺在炉边打起盹来。最后，店主却来向他收烤肉钱，欧伦斯比格因为没吃烤肉，当然拒绝付钱。店主说："掏钱吧！你不是说闻肉味儿都闻饱了吗？所以你应与吃肉的人一样付钱。"欧伦斯比格掏出一枚银币扔到长凳上，对店主说："你听到钱的声音了吗？"店主说："听到了。"欧伦斯比格马上拾起银币，重又放回了钱袋："我银币的声音，正好够付我闻了你烤肉味儿的钱了。"店主将"吃肉"的概念偷换成"闻肉"，这种混淆是非的诡计被聪明的文学家看穿了，他即"以其人之道，还治其人之身"，以"钱声"付"肉味"的钱，自然顺理成章，店主也无可奈何。言语论辩中还可以用对方的荒谬逻辑推出更为荒谬的事物来反驳对方，"以谬制谬、以毒攻毒"，令对方哑口无言。对方是搬石头砸自己的脚，观点不攻而破。

以其人之道，还治其身，是整治那些胡搅蛮缠的人的最好办法，因为这类人一般情况下很难用正理去说服。要想让他们规矩老实，只有以其人之道，还治其人之身，用他们自己的歪理去反驳他们自己。

欲擒故纵术——欲擒故纵服人心

“擒”和“纵”，是互相矛盾的，“擒”是目的，“纵”是方法。古人有“穷寇莫追”的说法，实际上，不是不去追，而是要讲究追的技巧方法。追得太急，把敌人逼急了，他反而会集中全力，拼命反扑。倒不如暂时放松一步，使敌人产生错觉，丧失警惕，然后再伺机而动，歼灭敌人。在交谈中，为了达到一定的目的，也可以用欲擒故纵的办法去说服他人，稳定形势。

1925年，贺龙任湖南澧州镇守史，他的部下没收了一批英国商人偷运的军火和鸦片。为此，英国驻华大使馆的官员由省政府官员陪同，前来找贺龙交涉。

英国官员傲慢地说：“敝国商人在贵地经商，可是财物却被你的手下强行拿走，你要给我们一个交代。”

贺龙不紧不慢地说：“那就请你写一张丢失货物的清单吧。”

英国官员以为贺龙真要追还被没收的走私商品，就一件件写了起来。此时，一个军人走来向贺龙报告，说英国人的货里有不少是枪支、弹药和鸦片。

贺龙一听，就对英国官员说：“请你把枪支、弹药和鸦片都写上吧！”

英国官员照办了，还签了名。贺龙接过清单，脸色一沉，说：“我正在追查私运军火、倒卖毒品的罪犯，想不到你们倒自己送上门来了！你们违反了中国的法令，我要向国际法庭控告你们！”

英国官员张口结舌，狼狈不堪。

贺龙在这里就运用了欲擒故纵法，先稳住了那个傲慢的英国官员，让他老老实实地“供”出了他的罪行，最终无可奈何地服输。

欲擒故纵术不仅在军事上、谈判中是一个卓有成效、屡试不爽的策略，在商业的经营管理中也是一个收服人心的良策。

某公司成立以来，事业可谓蒸蒸日上，但因受国际上供求关系的影响，今年的利润却大幅滑落。

董事长知道，这不能怪员工。因为大家都知道今年国际上的竞争比往年激烈，员工们工作时为公司拼命的程度，丝毫不比往年差，甚至可以说，由于人人意识到经济的不景气，干得比以前更卖力了。

正因为如此，董事长心头的负担愈发加重了，因为马上要过年了，照往常年终奖金最少要加发三个月的工资，可是今年算来算去，顶多只能发一个月的工资作为奖金。“这要是让员工们知道，士气不知道要怎样的低落，这后果……”董事长忧心忡忡，不知道该怎么办才好……

没过两天，公司里突然传开了小道消息“由于经营业绩不佳，年底要裁员，上层正在确定具体实施方案。”

顿时，公司内人心惶惶，每人都在猜会不会是自己。最基层的员工想：“一定由下面裁起，别的企业裁员都是从低层员工开始。”而主管们想：“我的薪水这么高，为了降低成本，只怕从我开刀！”

但是不久，董事长宣布：“公司虽然艰苦，但大家能够发扬同甘共苦的团队精神，再怎么样，也不愿牺牲共患难的同事，只是年终奖金，是没有办法发了。”

听说不裁员了，人人都放下了心头上的一块大石头，那不致卷铺盖走人的窃喜，早压过了没有年终奖的失落。

眼看新年将至，人人都做好了过个穷年的打算，取消了奢侈品的花销预算和昂贵的旅游计划。

突然，董事长召集各部门主管开紧急会议。主管们匆匆上楼，员工们忐忑不安："难道又变卦了？"

是变卦了。

没几分钟，主管们纷纷冲进自己的部门，兴奋地高喊着："有了，有了，还是有年终奖金，整整一个月的工资，马上发下来，让大家过个好年！"

整个公司大楼，爆发出一片欢呼声，连坐在楼上的董事长，都感到了地板的震动……

由此可见，遇到困难时，不要光想着考虑怎么正面解决，"欲擒故纵"有时也不失为一种高超的处世手段。在任何时候，智慧的运用都是最重要的。

运用欲擒故纵术，要注意"擒"与"纵"的关系，一般说来，要先"纵"后"擒"，以"纵"引"擒"，形"纵"实"擒"，"纵"中有"擒"。

一休禅师自幼就很聪明，他的老师有一只非常珍爱的茶杯。一天，一休无意中将茶杯打破了，他感到非常懊悔。但就在这时，他听到了老师的脚步声，于是连忙把打破的茶杯藏在背后。当他的老师走到他面前时，他忽然开口问道："人为什么一定要死呢？""这是自然之事。"他的老师答道，"世间的一切，有生就有死。"这时，一休拿出打破的茶杯接着说道："你的茶杯死期到了！"老师此时才知上当，但回想自己的话，他并没有责怪一休。一休巧妙地布下圈套，使老师说出"世间的一切，有生就有死"。从而为自己的错误开脱，足见其机智。

运用欲擒故纵术时，"纵"要放得开，要能达到麻痹对方的目的。"纵"要为"擒"创造条件，这是争取优势深谋远虑的方略。

宽心术——自嘲助你摆脱困境

自嘲，顾名思义，就是自我解嘲，它是幽默的一种表现形式。现如今人际关系那么复杂，想处理好可不容易。一旦陷入尴尬境地，每个人都会非议你，这时你不妨自我解嘲一下，既给自己找个台阶下，又能巧妙地缓和气氛。

杨澜在担任《正大综艺》的节目主持人时，曾被邀请到广州市天河体育中心担任演出的主持人。演出晚会进行到中途时，她在下台阶的时候摔倒了。出现这种情况，确实令人难堪。但杨澜非常沉着地爬了起来，凭着她主持人特有的口才，对台下的观众说："真是人有失足，马有失蹄呀。我刚才的狮子滚绣球的节目滚得还不熟练吧？看来这次演出的台阶不那么好下！但台上的节目会很精彩的，不信，你们瞧瞧他们。"

这段自我解嘲式的即兴演讲非常成功，杨澜不但为自己摆脱了难堪，更显示了她的出色口才。以致她话音刚落，会场就立刻爆发出了热烈的掌声，有的观众还大声说："广州欢迎你！"

由此可见，适时适度的自嘲不失为一种良好的修养、一种充满魅力的表现。自嘲，能制造宽松和谐的交谈气氛，能使自己活得轻松洒脱，使人感到你的可爱和人情味，有时还能更有效地维护面子，建立起新的心理平衡。

人际交往中，在人前蒙羞、处境尴尬时，可试试用自嘲对付窘境，如此不但可以很容易找到台阶，而且多会产生一种幽默的效果。因为自我解嘲，自己把自己胳肢几下，自己先笑起来，是很高明的一种脱身手段。

舞会上，一个个头偏矮的男士，去邀请一位身材高挑的女孩跳舞，那女孩礼貌地拒绝说："我从不与比我矮的男人跳舞。"那个矮男人听了之后，并没有发火，也没有指责对方，而是淡淡一笑，自嘲地说："我真是武大郎开店，找错了帮手！"那女孩听了之后面红耳赤，反而不自在起来。故事当中的那位男士用自嘲摆脱了窘境，保持了心境的平衡，而且还把尴尬还给了那个伤害自己的女孩。可见，逃避嘲讽并不是超脱，而且还常常会引起心理不平衡。当别人嘲笑你时，你表现得怒不可遏，也只会引来更多更难听的嘲笑。最好的做法是，也笑一笑自己干得很糟的事情，笑一笑自己长相上的缺陷，平息可能发生的风波。这样做，别人反而对你不敢轻视，甚至会感到自惭形秽。

在生活中，每个人都难免会遇到一些让人难堪的局面，遇到窘境时，怎样冷静应对、调整心情呢？"自嘲"确实是一剂平衡自我心灵的良药。

从前，有一个叫梁灏的文人，他在少年时曾立下誓言，不考中状元誓不为人。结果时运不济，屡试不中，受尽别人的讥笑。而梁灏并不在意，他总是自我解嘲地说，考一次就离状元近了一步。他在这种自嘲的心理状态中，从后晋天福三年开始应试，历经后汉、后周，直到宋太宗雍熙二年才考中状元。他还写过一首自嘲诗："天福三年来应试，雍熙二年始成名。饶他白发头中满，且喜青云足下生，观榜更无朋侪辈，到家唯有子孙迎。也知少年登科好，怎奈龙头属老成。"自嘲使梁灏走过了漫长的坎坷，终于走了向成功。自嘲，也使他走向了长寿，活过了古代难以逾越的九旬高龄。

置身于难堪境地时，如果过分掩饰自己的失态，反而会弄巧成拙，使自己越发尴尬。而以漫不经心、自我解嘲的口吻说几句取悦于人的话，却可以活跃气氛、消除尴尬。

总之，自嘲是一种充满魅力的说话技巧，它能体现出一种潇洒的情态和智慧，在与人交流的过程中，它能制造出宽松和谐的交谈氛围，从而避免了某种尴尬场面。

第五章

委婉含蓄的说话应变术

委婉含蓄，是一种巧妙和艺术的表达方式。巧妙地运用委婉含蓄的语言，看起来似乎说得轻描淡写，却能帮助我们避免尴尬，让对方乐于接受我们的观点建议。在社交中，当我们很想表达一种内心的愿望，但又难以启齿时，不妨使用含蓄的表达方法，它有时要比口若悬河更能达到正确表达的目的，从而收到令人满意的效果。

暗示术——用暗示的方法提醒对方

在别人犯了错误，你不得不要求对方改正，但又不能直截了当地指出时，应该采取委婉暗示的方法，这样，既可以避免使对方尴尬，又可以使你的建议能够更好地被人接受和执行。

一位企业家有一次经过一个车间，看到几个工人正在抽烟，而在他们头顶上正好有一块牌子，上面写着“禁止吸烟”。企业家没有指着那块牌子责问那些工人：“你们不识字吗！”他的做法是，径直朝那些人走去，送给每人一根雪茄，说：“诸位，如果你们能到外面去抽这些雪茄，那我真是感激不尽。”工人们羞愧地接受了他的雪茄，并表示再也不在车间内抽烟了。企业家对这件事没说一句指责的话，反而给他们每个人一件小礼物。这种巧妙的暗示所带来的效果远远强过言辞激烈的指责，因为后者只会激发起对方强烈的逆反心理。

人们都有这样的错觉，领导往往是不骂人不说话的。有些人甚至认为领导骂人、发火是领导热爱工作、爱岗敬业的表现。但并不是每一个领导人都真正狂风暴雨般地发火，这便是领导技巧上的最大区别。

大多数领导在责备下属的时候都是对事不对人的，那种动辄恣意责骂，把自己心中的闷气全然发泄在下属身上，或者随意发号施令，毫不考虑下属感受的领导毕竟是少数。但为什么几乎90%的人都声称曾经受过让他们难以接受的指责，甚至对上司曾经给过他们的某些批评终生耿耿于怀呢？原因很简单，就是他们的上司没有学会批评人，不能以一种很平和、很巧妙的姿态完成对下属的训导。

“我一点也不怪你有愤愤不平的感觉，如果我是你，毫无疑问，我也会跟你一样不快的。”如果以这样一段话作为批评的开始，相信任何一个下属都会乐于接受你的批评，因为它显示出了你百分之百的诚意。容易让人感觉你不是在批评他，而是在与他共同做着一件很崇高的事情。

每个人都是理想主义者，都喜欢为自己做的事找个动听的理由。事情出现了问题后，也总认为自己是对的，别人是错的。因此，做上司的如果想要下属顺着你的指挥棒走，就要引发起他的高尚动机。

一位心理学家在他的著作中说：“一个人去做一件事，通常有两种原因：一种是真正的原因，另一种则是听来很动听的原因。”人人都明白那个真正的原因，却又不由自主地想要那个好听的动机。因此，要让下属既接受你的批评，又能收揽人心的最好办法，就是在批评他们的同时，挑起他们的高尚动机。

在这里，我们顺便指出一下大多数上司犯过或正在犯的错误。很多上司在开始批评下属之前，都先真诚地赞美对方，然后接一句“但是”，才开始批评。例如，要改变一个下属工作不专心的态度，我们可能会这么说：“约翰，我们真以你为荣，你最近工作上有很大进步了。但是，假如你办事再努力点的话，就更好了。”

在这个例子里，约翰可能在听到“但是”之前，感觉很高兴。马上，他会怀疑这个赞许的可信度。对他而言，这个赞许只是要批评他失败的一条设计好的引线而已。可信度遭到曲解，你就无法实现要对方改变工作态度的目标。

其实，只要你把“但是”改为“而且”，问题就能轻易解决。“我们真以你为荣，约翰，你这段时期工作表现进步了，而且只要你以后再接再厉，你的工作成绩就会比别人高了。”这样，约翰会乐意接受这种赞许，因为没有什么失败的推论在后面跟着，而他已经间接地知道自己需要改进。

所以，要批评一个人又不伤感情，不引起憎恨，那就不妨间接地用暗示的方法提醒他注意自己的错误。

沉默术——该沉默时就沉默

佛教中，“沉默”具有特殊的意义。当文殊菩萨问维摩诘有关佛道之说时，维摩诘没有说一句话。

后来，有一位禅师说他的不语好像“雷声一样使人震耳欲聋”。这种“如雷的沉默”，犹如台风的中心。没有它，台风便不能形成。这种沉默，就是不可言说的道，是禅的精义所在。

如果我们暂且抛开晦涩的佛教教理，从“沉默如雷”的角度来看，不难得出这种结论：沉默有它独特的、无与伦比的力量。所以老子说：“真正的雄辩与讷言相同。”西方人说：“雄辩是银，沉默是金。”

“不言而言”这句话出自《庄子》，指人以沉默的方式来说服别人，即是使用无言战术来达到目的。

在说服时，适当地保持沉默，引起对方的好奇心和依赖感，无疑是一种很好的方法。

林肯在辩论中也很擅长使用默语，甚至运用默语反败为胜。

林肯和道格拉斯著名的辩论接近尾声之际，所有的迹象都指明林肯即将失败。

林肯突然停顿下来，默默站了一分钟，望着他面前那些半是朋友半是旁观者的群众的面孔。然后，以他那独特的声音说道："朋友们，不管是道格拉斯法官还是我自己被选入美国参议院，那是无关紧要的，一点关系也没有。但是，我们今天向你们提出的这个重大问题才是最重要的，远胜于任何个人的利益和任何人的政治前途。朋友们——"

说到这儿，林肯又停了下来，听众们屏息以待，唯恐漏掉了一个字。"即使道格拉斯法官和我自己的那根可怜、脆弱、无用的舌头已经安息在坟墓中时，这个问题仍将继续存在……"

林肯这段话中，两次用沉默来紧紧拴住听众的心，为自己的演说增添感人的气氛，从而达到了出乎意料的效果，转败为胜。

当然，沉默并不是一种独立的说服技巧。一味的沉默只能说明你无话可说，沉默之前或之后应有"一鸣惊人"的语言，这样才能达到说服的目的。

规避术——不要开口就谈钱

所谓规避，就是指避而不谈，尽量躲避。在推销中有规避金钱去推销的说法，意思就是指在推销过程中，尤其是在预约推销阶段要尽量避免谈钱的问题。开门见山谈推销、说金钱，往往会让客户反感，所以我们对待一些不太愿意跟我们谈生意的客户时，就要采取规避金钱的说服术，先提他喜欢的话题，等谈话气氛融洽后再正式谈生意。

一般来说，规避金钱说服术都是用在预约推销的时候。预约推销时，如果客户认识你，当然好办，如果客户不认识你，那就会有点麻烦。客户通常的反应是："你见我想干什么？"这时可不是接近客户的好机会，千万别说你是想推销。因为仅凭一些问话很难判断对方是否需要你的产品，正确的预约应该是一次会谈。一定要记住"预约电话不要谈生意"的准则，真正要做的是推销"预约"，或者说，怎样让他接受你的预约。这里就要用到规避金钱说服术了。

首先，要取得对方的信任，有了信任才能进一步合作。若一开口就同客户说推销的东西，客户会很反感，觉得推销员过于商业化，没有人情味，只是想着从自己的口袋里掏钱，而没有跟自己打交道的诚意。

其次，要多问问题。尽量让客户说话，让客户说出心中的愿望，然后顺着客户的愿望说下去，逐步谈到重点。这种一开始跟客户谈心，而并非立马提及金钱的谈话方式，会给客户带来良好的印象。

当你带着明显的目的去做某事时，就会让对方产生这种感觉：这个人心机很重，时刻算计着我，所以我一定要提防他。而如果你先同他谈些他感兴趣的事情，等彼此相互了解、相互信任时再谈些生意上的事情，就会感到很愉快了。很多时候，人们总是戴着有色眼镜看待周围的人，这是不可避免的。而你唯一能做的就是帮他摘掉有色眼镜，让他能够真正地看清你，欣赏你，愿意同你打交道、做生意，这是作为一个销售人员必备的素质。请注意，这并不是虚伪，在这个世界上，要想达到你的目的，直来直去是不行的，与人沟通必须讲究技巧，与人谈话必须考虑方式。工欲善其事，必先利其器。修饰好自己的仪表，斟酌好自己的言辞，让你的开场白不再空洞得只剩金钱，让你的谈吐魅力在第一时间让别人倾倒吧。

善意谎言术——善意的谎言也美丽

自古以来，喜欢说谎的人一直被人们鄙视，谎言也被人们认为是最不受欢迎的语言，但是，谎言中也有一种特例，叫做善意的谎言。当我们为了他人的幸福和希望适度地说一些小谎的时候，谎言的性质即变为理解、尊重和宽容，并会产生神奇、积极的力量。父母一句善意的谎言能让哭泣的孩子破涕为笑；老师一句善意的谎言，能让彷徨失落的学生重塑自信；医生一句善意的谎言，能让恐惧的病人重拾战胜病魔的斗志……善意的谎言都是出于美好的愿望，因此，它不会玷污文明，更不会扭曲人性。甚至可以说，它是心灵的滋养品，是信念的原动力。善意的谎言能让人找到更多笑对生活的理由，促使人坚强执着，最后战胜脆弱，绝处逢生。

雨果的不朽名著《悲惨世界》里那个主人公冉·阿让本是一个勤劳、正直、善良的人，但他穷困潦倒，一贫如洗。为了不让家人挨饿，迫于无奈，他偷了一个面包，被人当场抓获，冉·阿让被判定为"贼"，并因此而锒铛入狱。

出狱后，他到处找不到工作，饱受世俗的冷落与耻笑。从此，对世界失去希望的他真的成了一个贼，顺手牵羊，偷鸡摸狗。警察一直都在追踪他，想方设法要拿到他犯罪的证据，把他再次送进监狱，他却一次又一次幸运地逃脱了。

在一个风雪交加的夜晚，他饥寒交迫，昏倒在路边，被一个好心的神甫救起。神甫把他带回教堂，但他却在神甫睡着后，把神甫房间里所有的银器席卷一空。因为他已认定自己是坏人，就心安理得地干着坏事。不料，在逃跑途中，冉·阿让被警察逮个正着，这次可谓人赃俱获。

当警察押着冉·阿让回到教堂，让神甫辨认失窃物品时，冉·阿让绝望地想："完了，这一辈子只能在监狱里度过了！"谁知神甫却温和地对警察说："哦，尊敬的警察先生，我想一定是有什么误会，他是我的朋友，这些银器是我送给他的。他走得太急，还有一件更名贵的银烛台忘了拿，我这就去取来！"

神甫的话让冉·阿让的心灵受到了巨大的震撼。警察走后，神甫对冉·阿让说："过去的就让它过去，重新开始你的人生吧！"

从此，冉·阿让洗心革面，重新做人。他搬到一个新地方，找到了一份工作。后来，当他有了一定的经济基础和社会地位后，他把自己的一生都投入到救济穷人、奉献社会上。

神甫一句善意的谎言如雪中送炭，给冉·阿让以温暖、光明和力量，并拯救了这个险些堕入地狱的灵魂。可见，善意的谎言会让人生充满美好的希望，也会让善良的说谎者倍添其人性的魅力，使人们更加爱戴他、尊敬他。

善意的谎言具有神奇的力量，或是出于信任，或是出于宽容，或是出于鼓励，或是出于理解，它总能带给人以希望和感激。所以说，善意的谎言是美丽的，也是生活中不可缺少的。当然，善意的谎言也有其一定的规则：

第一，一定要出于一种善意的爱护，以避免让人伤心、难过、着急、失望为目的。

第二，谎言即使是善意的，不到万不得已时也不要说，否则将可能带来难以预料的后果。

俗话说："适当的谎言是权宜之计。"由此可知，在某些场合还是有说谎的必要的。

生活中常能碰到一些善意而美丽的谎言，这些谎言构成了人生的另一种风景。它们丰富了人的生活情趣，和谐了人际关系，调节了人的内心世界，能使人生活愉快、家庭和谐。如：让老人宽心的谎言，使夫妻和谐的谎言，消除同事之间误会的谎言，勉励孩子学习的谎言……有时候，为了让身边的人幸福，我们有义务精心编织一点善意的谎言，因为人生中有一种幸福便来自这种谎言！

模糊应对术——模糊应对解困境

模糊应对的核心是恰当地使用模糊语言，从而使自己有一定的灵活性，力避被动，争取主动。词语“方便”“最近”“大约”“前后”等即是模糊语言。比如，朋友邀你去他家做客，你却无法确定做客的具体时间，你就可以说“大约在中秋节前后，我一定去一趟”，这样很灵活，可以在中秋节前，也可以在中秋节后。又如有的单位领导为了纠正某种不良倾向，又不至于使矛盾激化，便使用模糊语言说：“最近一个时期，我们单位的纪律状况总的看来是好的，绝大多数同志比较自觉，但也有极个别同志表现较差……”这里，最近、绝大多数、极个别就是模糊语言。

人们在谈起《水浒传》里的鲁智深时，马上就会想起他心直口快、“直炮筒”的形象。其实，即使是最直率的鲁智深，有时也离不开委婉，说话也有含蓄的时候。电视剧《水浒传》中，在写鲁智深三拳打死镇关西后，为了逃避官府的追捕，只得削发为僧。剧中有这样一段台词：

法师问道：“尽形寿，不近色，汝今能持否？”

鲁智深回答："能。"

法师又问："尽形寿，不沾酒，汝今能持否？"

鲁智深回答："能。"

法师再问："尽形寿，不杀生，汝今能持否？"

鲁智深犹豫了。

法师最后高声催问："尽形寿，不杀生，汝今能持否？"

鲁智深回答了一句："知道了。"

法师要求鲁智深不近女色不饮酒，他能做到，但要他不惩杀世间的恶人，实在难办。但若此时回答"不能"，法师肯定不许他剃发为僧了，这样他就将无处藏身。因此鲁智深来了一个灵活应付，只是含含糊糊地来了一句"知道了"，在法师面前过了关，又没违背自己的本意，两全其美。

模糊应对，是一种权宜之计。使用此法时，只能表面模糊，内心应十分清楚，即要做到心中有数，言语模糊原则不模糊。

总之，我们说话中运用模糊应对术时，要根据具体的情况灵活应对，切不可处处模糊、事事模糊，否则就会像那位青年一样，不但没有达到办事的目的，还激怒了别人，真是得不偿失。模糊应对术实际上就是一种委婉的说话艺术，这样既不为难自己，又不让对方尴尬，从而能保持融洽而和谐的人际关系。

铁汉柔情术——用感情打动别人

在很多时候，用感情打动别人，激起别人的同情心，比滔滔不绝地讲大道理更有效。当然，这并不是说，你总要摆出可怜兮兮的样子。而是说，你在请求解决问题时，应该激起听者的同情心，使听者从感情上与你靠近，产生共鸣。这就为你解决问题打下了基础。人心都是肉长的，只要你将受害的情况和内心的痛苦如实地说出来，别人都会理解的。

法国著名的革命家弗朗索瓦·诺艾尔·巴贝夫出身于一个贫苦的家庭，因参与组织革命秘密团体“平等会”，筹划举行自由起义，推翻反动政府等罪名而被捕入狱。凡多姆高级法院搜集假证，罗列罪名，想将他置于死地。

在法庭上，巴贝夫以被告人的身份为自己辩护。在揭露反动政府炮制假证，加罪于己的阴谋的同时，他满怀悲愤之情地控诉了反动政府对人民以及对自己一家人的残酷迫害。他说：“在我被捕入狱期间，我得知我极钟爱的孩子受尽痛苦，在那可怕的饥饿之下，同许多孩子一样，饿得憔悴不堪。这点我们得感谢屠杀人民的刽子手瓦赛·唐格拉斯的大德。我有一个七岁的女儿，不久前我得到悲痛的消息，她由于罪恶的削减面包的配给量而饿死了。当我在弗鲁克梯陀尔重新看到我的另外两个孩子时，他们已经衰弱到我几乎认不得他们了。我在周遭看到的成千上万的家庭，和我家这副景象几乎一样。巴黎大部分居民都是衰弱不堪的，差不多所有的脸都很消瘦，他们几乎站立不住。这些触目惊心的惨状，我现在还历历在目。”

惨痛的事实，忧国忧民的真挚感情，使巴贝夫这段辩词既有愤怒的火焰，又有诚挚的同情心，深深地打动了法庭上每一位听众的心，使他们更为理解他所投身革命事业的伟大意义。在恩格斯对英国工人生活状况的考察报告里，在马克思缜密精深的《资本论》里，类似充满感情色彩的描述有许多。它们使冷峻缜密的思辨插上了活力充沛的感情翅膀，飞进了读者的心灵深处。

人是感情动物。杜甫在著名诗篇《蜀相》中写道:“出师未捷身先死,长使英雄泪满襟。”无情未必真豪杰,弹泪未必不丈夫。人都是有感情的,生活中也离不开情感的交流,感人心者莫乎于情。因此,在论辩中多说富有感情的话常常能得到听众的支持。

“糖衣”术——良药甜口更治病

没有人喜欢听批评的话,当面的、直接的批评还会使对方产生抵触心理,从而影响了批评的效果。其实,很多时候,批评的效果往往取决于形式的巧妙而不是言语的尖刻。给苦涩的药片加上一层糖衣,就能减轻人们吃药的痛苦,使人更愿意接受。同理,如果我们也能够给批评裹上一层“糖衣”,那么就能达到“良药甜口也治病”的效果。

艾鲍德牧师被邀登坛讲演,他尽其所能,想使这次讲演有完美的表现,所以他事前写了一篇讲演的稿子,准备到时应用。他一再修改、润色,才把那篇稿子完成。然后,艾鲍德牧师把它读给自己的太太听,希望太太能提供一些参考意见。

如果他太太没有足够的修养和见解,一定会直接说这篇稿子糟透了,绝对不能用,因为它听起来就像百科全书一样枯燥无味。

但艾鲍德太太只是巧妙地暗示她的丈夫,如果把那篇演讲稿拿到《北美评论》去发表,确实是一篇极好的文章。也就是说,她虽然赞美丈夫的杰作,同时却又向丈夫巧妙地进行暗示,他这篇演讲稿,并不适合讲演时用。艾鲍德明白了妻子的暗示,就把他那篇绞尽脑汁所完成的演讲稿撕碎,什么也不准备,就去讲演了。

马戏团里的驯兽师所用的驯兽方法通常是一手拿着鞭子或电

棍，另一只手里拿着野兽爱吃的东西，西方人把这种方法叫做“胡萝卜加大棒”，其实就是赞扬中有批评。

批评是一门直击心灵的语言艺术，它既是一种重要的激励方式，又是一种有效的沟通信号。批评者要想让被批评者认识到批评的价值，就必须尽量避免正面的批评，因为正面的批评会伤害被批评者的自尊和自信。不妨旁敲侧击地去暗示对方，对方就会理解你的良苦用心，他会及时地改正自己的失误并感激你的体贴。如果迫于情势，你对他人进行了正面的、直接的甚至是尖刻的批评，切记要及时地安抚被批评者，减少批评造成的负面影响。

委婉示范术——委婉示范胜于直言相劝

千人千面，人人都有不同的性格和脾气。有的人注意细节，做什么事都有个讲究；有的人则不拘小节，许多方面都随随便便。在劝说一个人的时候，稍不留心，就会伤害对方的感情。因此，与其直言相劝，不如委婉示范，以身作则，让对方明白有些事怎样做更好。

邻居阿荣常向阿云借小东西，比如筷子、碗碟、针线或螺丝刀什么的，有的能够及时归还，有的会拖上好长时间才还，而有的索性就不还了。阿云也知道阿荣不是故意的，只是粗心大意，不记得这些小事罢了。

一次，家里来了客人，阿云故意叫孩子去借几双筷子。用完后，又马上叫孩子送过去，并教孩子说：“妈妈说，借了别人的东西一定要及时归还。”又有一次，阿云向阿荣借了一支圆珠笔，用完后自己亲自送了过去，对她说：“我这人记性差，不知道有没有东西借了没还的，特别是小东西，很容易忘记的。”一听此话，阿荣顿时有点尴尬，马上在屋子里找了起来。果然找到了两三件小东西，让阿云带回去。

在这个例子中，如果阿云直接去讨要，会使双方都很尴尬，毕竟只是一些小东西，况且对方也不是故意的。而用自己的行为为对方作出示范，就会避免这种尴尬，使对方在接受你建议的同时，还会对你心生感激。

有些人面对直接的批评会非常愤怒，这时，就更要间接地让他们去面对自己的错误。巧妙地暗示对方注意自己的错误，通常比对其直接指责要高明得多。

伊尔奇是英国一家大型连锁超市的经理，每天他都要到他的连锁店去巡视一遍。有一次他看见一名顾客站在柜台前等待，却没有一个售货员对她有所注意。那些售货员们在柜台远处的另一头挤成一堆，彼此又说又笑。身为经理的他当然对这一情况很不满意，而且决定要纠正这种不负责任的行为。但伊尔奇并没有直接地指责那些在上班时间闲谈的售货员，他采取了巧妙暗示、保全员工面子的方法处理了这件事。他站在柜台后面，亲自去招呼那位顾客，然后把货品交给售货员包装，接着他就走开了。售货员看到伊尔奇亲自为顾客服务的情况，意识到了自己的失职，并深深地为此感到自责，从此以后类似的情况再也没有发生过。

纽约的玛丽女士也是运用自己的行为作出示范，巧妙地暗示一群懒惰的建筑工人在帮她盖房子之后及时清理现场。在开始的时候，玛丽女士每天下班回家，都会发现满院子都是锯木屑。她不想去跟工人们抗议，因为他们工程做得很好。所以等工人走了之后，她跟孩子们把这些碎木块捡起来，并整整齐齐地堆放在屋角。次日早晨，她把领班叫到旁边说："我很高兴昨天晚上草地上这么干净。"从那天起，工人们每天都把木屑捡起来堆好放在一边，领班也每天都来看看草地的状况。

这种委婉示范的方法，可以维持对方的自尊，也可以使对方认为自己很重要，从而使他希望和你合作把事情办得更好，而不是反抗或抵触。

这种以身示范的委婉劝说法也特别适于那些辈分高、资格老，或者担任一定领导职务的人。这样做既可让对方明白你不大赞赏他的行为习惯或态度、作风，又不伤尊严和感情。

诱敌入瓮术——循循善诱，引君入瓮

据《资治通鉴·唐纪》记载，武则天当政时，推行严刑峻法。

一次，有人告发周兴，武则天便命来俊臣审问。来俊臣便请周兴喝酒，假意向他请教审讯罪犯的"先进"经验。

周兴不知是计，醉醺醺地说："这有何难，只要把犯人装进大坛子里，放在炭火上一烧，便会什么都招认了。"

来俊臣依计烧好炭火，备好一只大坛子，然后脸色一变，厉声说：

"周兴兄，有人告了你的状，请你老兄进瓮去吧！"

周兴吓得面如土色，冷汗淋漓，乖乖地承认了自己的罪状。

从此之后，"请君入瓮"便成了成语，特指诱使对手自掘陷阱，自蹈覆辙，自陷罗网，直至自寻死路。

在现在的许多广告中，你会发现广告商总是精心设计一些"诱饵"，让消费者自己走进"瓮"中。例如：很多美容院往往打出免费美容的招牌，让很多女士跃跃欲试。结果去了之后才发现，传单上的免费是有条件的，你只有做够了一定金额的主体美容之后，才能送你一个免费的附加服务，像皮肤测试、修眉等。

还有的大商场进行打折活动，规定一次性购物满 1000 元，就送 500 元的优惠券。这样，表面上来看是在打 5 折。但是，由于返的是购物券，因此顾客还必须在本商场消费才能享受这个优惠，事实上羊毛还是出在羊身上。

其实，在想达到自己的沟通目的时，你也可以同这种商业促销一样，施展一定的“诱惑”，让对方自己“上钩”，从而达到说服的目的。

战国时的孙膑不仅是位著名的军事家，也是一位大谋略家。他指点田忌使田忌赛马胜了齐威王之后，齐威王便总想找个机会报复他一下，教训教训他。

有一次，他们来到一座山脚下，齐威王突然心血来潮，给孙膑出了一道难题，对他说：“你能让我自愿走上山顶吗？”

孙膑笑了笑说：“陛下，我实在没有能力让您自愿走上山顶。不过，如果您在山顶上的话，我倒是能让您自愿走下来。”

齐威王压根就不相信，心想到时无论如何就是不主动走下山来，看孙膑能有什么高招。

于是，齐威王就走上了山顶。而这时，孙膑说：“陛下，我已经让您自愿走上山顶了。”齐威王这才知道自己又中了孙膑的计。

我们再看看下面的例子：

一天，一位漂亮的女士走在马路上。突然她发现后面有一个陌生人在紧追不舍，她不知该怎么办。就这样又走了一段路，她回过头来对那个人说：“你为什么老跟着我？”

那人说："小姐，你太迷人了，我真心爱你，让我们交个朋友吧！"

这位女士嫣然一笑，说："谢谢你的夸奖，在我后面走的姑娘是我同伴，她比我更美。""真的吗？"那人非常高兴，马上回过头去，但却不见姑娘口中所说的同伴的身影。

他知道上当了，又去追赶那位漂亮姑娘，质问她为什么骗人。

女士说："不，是你骗了我，如果你真心爱我，那么为什么还去看另一个女人，经不起考验，还想跟我交朋友，请你走开！"

陌生人被说得面红耳赤，讪讪地溜走了。

这位女士之所以能制伏陌生人，就是顺着对方贪图美色的心理，投其所好，设计诱之。对方不知是计，真的去等待更美的姑娘，这就使其丑恶的嘴脸暴露无遗。女士顺势反击，让对方自暴其丑，无地自容，从而达到了教训对方的目的。

使用"诱敌入瓮"法这一论辩技巧时，必须注意以下三个问题：

1. 圈套要设好

在揣摩对手心理状态的基础上，主动以进攻者的姿态发问，或假设其事，或虚言夸张，巧布疑阵，设好"口袋"，诱使对方上钩，为后面作好准备。

2. 引诱要巧妙

可以采用障眼法，巧布疑阵，不露痕迹，以免被对方识破而功亏一篑。若对方不易上钩时，便辅之以激将等法，尽快诱使对方进入你预先设好的圈套。这是诱敌入瓮的关键所在。

3. 反击要有力

一旦对方已经进入"口袋"，就应不失时机地扎紧袋口，迅速出击，瓮中捉鳖，不给对方以回旋的余地。

反击时最好要配以类比、归谬、二难推理等方法，与前面设下的圈套遥相呼应，由此及彼，抓住要害，给予有力的反击。

这三个要素紧密联系，相辅相成，你甚至可以在寥寥数语中漂亮地把它们囊括起来。

甲："在你面前有道德和金钱，只能两者择一，你选择什么？"

乙（故意地）："我选择金钱。"

甲（得意地）："要是我啊，要道德，不要金钱。"

乙："是的，谁缺什么就选择什么，你要的正是你缺乏的！"

从这个实例可见，说服中的投其所好术，实际也是一种"诱敌入瓮"战术。抓住对方的需求和动机，设下圈套，诱敌深入，等对方进入伏击圈后，再猛烈出击，战胜对方，这样的做法与诱敌入瓮法可谓有着异曲同工之妙。

巧妙拒绝术——"装疯卖傻"巧说"不"

"装疯卖傻"法是一种特殊形式，是表示自己无能为力，不愿做不想做的事。也就是说："我不想做！所以办不到！"

根据心理学的调查发现，人们的确有在日常生活中故意装傻的现象。虽然它跟"楚楚可怜"法一样，会导致评价降低，但令人惊讶的是，仍有一成以上的人是在自己有意识的情况下用了这个办法。

1. 使用巧妙拒绝术的三种场合

上班族会用到此法的场合有以下三种。

（1）推辞掉不想做的事。遇到不想做的事情时便有不少人会用"我不会呀！""我对这方面不擅长！"等理由，来把不想做的事巧妙地推掉。

（2）拒绝他人的请求。当别人找上你，希望你能帮他的忙时，你很难直接地说“不”吧！以“我很想帮你，可是我自己也没有那个能力”的态度来婉转拒绝便是个不错的选择。拒绝别人这种事，很难直接以“我不愿意”这种态度来拒绝，这样极有可能会让对方怀恨在心。但若是用心有余而力不足，也就是自己无法控制的原因来拒绝，用“我想帮你，可是帮不了”这样的话，拒绝起来便容易多了，也不会产生任何负面影响。

（3）降低他人对自己的期望值。一个人若能得到他人的高度期待，固然值得高兴，但压力也会随之而来。因为被捧得越高，摔得越重，万一失败，受到高度期待的人必会承担更多的指责和更大的压力。

因此，借由表现自己的无能，来降低期望值。万一将来失败，自己的评价也不会下降得太多。相反的，如果成功，却会得到预期之外的肯定。

2. 使用技巧拒绝术的五种技巧

巧妙拒绝术有以下五种方法。

（1）曲解法。曲解法是指故意曲解对方说话的含义。为了达到拒绝的目的，有时不妨装聋作哑一回。

一次，一位贵妇人邀请意大利著名小提琴家帕格尼尼到她家里喝茶，帕格尼尼同意了。当然，贵妇人是醉翁之意不在酒了。果然，临出门时，贵妇人又笑着补充说：“亲爱的艺术家，我请您千万不要忘了，明天来的时候带上小提琴。”“这是为什么呀？”帕格尼尼故作惊讶地说，“太太，您知道我的小提琴是不喝茶的。”帕格尼尼通过曲解对方语言的含义，把自己拒绝的意思表达得明明白白。这种方法适用于爱玩小手段的狡猾者，让他（她）面对拒绝哑巴吃黄连——有苦说不出。

（2）无能法。无能法是指表明“我没有能力做那件事，所以我才不愿意做”的一种方法。根据对方请求内容的不同，“无能”的内容也应有所不同，但主要应用于与自己平日业务无关的业务上。例如：

当别人要求你处理电脑文书资料时，你可以说：“电脑我用不好，光一页我就要打一个小时，而且说不定还会把重要的资料弄丢！”

当别人要求你做账簿时，你可以说：“我最怕计算了，看到数字我就头痛！”

不过，所表明的“无能”理由不具真实性，那可就行不通了。例如刚才处理文件的例子，如果你是电脑公司的网络工程师，说这种话谁信！后面那个例子，如果发生在银行，也绝对会显得很可疑。平常愈少接触到的工作，说这种话时，所获得的可信度也就愈大。所以要说“我没做过”、“我做得不好”这些话的时候，一定要合情合理，没有破绽才行。

（3）转嫁法。转嫁法就是指在“表示无能”的用法之后，以“我办不到，你去拜托某某比较好”的说法，来把矛头引向他人的做法。

“我对电脑没办法，不过小王对电脑很熟，你去拜托他看看怎么样？”“我对计算工作最头大了，小芸好像是簿记二级的，她应该做得来！”

像这样搬出一位在这方面能力比自己强的人，然后要对方去拜托他就行了。

不止能力的问题，像下面这个例子中的场合也能适用。

“我如果要做这件事，恐怕抽不出时间。小范好像说他今天工作量不是很多！”

这个办法有一个问题就是，可能会招致那个被你“转嫁”的人的怨恨。想拜托人的人一定会说：“是某某说请你帮忙比较好！”对方自然就会知道是你干的好事。这么一来，那个人心里一定会想：可恶的家伙，竟然把讨厌的事推给我！

尤其当需要帮忙的工作内容是人人都不想做的事情的时候，这种惹来怨恨的可能性就会更大。所以，最好在多数人都知道“某某事情是某某最擅长的”，而且这样的转嫁不会给对方带来大麻烦时，这样的招数才适用。

（4）假装忘记法。假装忘记法就是当你无论如何实在无法拒绝对方的时候，就先接受他的要求，然后再假装忘记。

“对不起，我忘得一干二净了！”

“你有叫我帮你什么吗？”

这一招只要一句“忘了！”就能轻松搞定一切，因此我们常会轻易地便用上它，从而在不知不觉中使用过度。然而，虽然它用法简单，但如果仔细想想，这招实在不值得提倡，因为这样实在是一种不太道德的做法。就算我们姑且先把“做这种事好吗”的道德判断摆在一边，来设想一下，这招如果使出去，一定会惹来对方的不悦，甚至会被他认为是一个“随随便便、马马虎虎”的人。再说，别人请你帮忙做的事，多半都是非做不可的事，你自己拖着不办，良心上也未必过得去，对方也一定会隔三差五提醒你。因此在他对你死心，转而去找其他人帮忙之前，要“一直”忘记，似乎也不太容易。

不过，不管是真忘还是假忘，在公司里像这种“忘记委托”的人，其实还真不少。但此招还是慎用为妙，能不用尽量不用。

（5）含糊其辞法。含糊其辞法就是明明白白的“不”难以说出口，就来点“模糊学”，使对方糊里糊涂、心甘情愿地就被你拒绝。

有一家公司招聘设计师，招聘主任用这样的方法来拒绝不佳的应征者。“哎哟，真是对不起，我最近可能太累了，你这幅设计图我不大看得懂。你回去再给我画一幅我比较看得懂的，好吗？”

这种回答，在肯定了对方水平的同时，巧妙地拒绝了他。应征者仔细一想就能明白话中的隐含之义，但又不会觉得太伤自尊或太受打击。

运用“装疯卖傻”的方法拒绝对方，的确很巧妙，但要把握住使用的分寸，如果使用过度，很容易给人留下“无能”、“不可靠”的印象。而当自己反过来想求人帮忙时，被拒绝的概率也会大幅提高。因此要注意，绝对不要过度使用。

3. 巧妙拒绝术的两大要诀

（1）巧妙拒绝术使用时的第一要诀就在于慎选使用的场合。也就是只在与自己身为上班族的评价无关的地方使用。

举个极端的例子。如果一个跑业务的人以“我在别人面前讲话会很紧张”为由而拒绝参加公司的会议，那么这对他来说可是致命伤。但如果是做研究工作的人说这种话，那就另当别论，效果完全不同。一定要谨记：只牺牲对自己不重要的部分去“装疯卖傻”。

（2）巧妙拒绝术使用时的第二个要诀是，尽量避免招来“无能”或“不可靠”的负面印象。记住善用“如果是某某就没问题，但这件事我实在是心有余而力不足”这句话。例如：“文字排版我还有办法，可是资料输入我真的不行！”

“公司旅行的账目我倒是做过，但太复杂的东西我没自信能做好！”

当然，这么说，对方也可能会冒出一句：“既然那个你都能做，我相信你也一定能把这个做好！”不过，再怎么说，也总比直接拒绝对方好。再说，这种说法听起来比较具有真实性，也比较容易成功。

故作不知术——装聋作哑平事端

有时候，装聋作哑反而是最佳的说话技巧。因为，在某些特定情况下，说话不一定能达到目的，而用装聋作哑的方式宽恕他人的过错，反倒可以不露痕迹地圆满解决问题。

战国时期，楚庄王亲自统率大军出外讨伐，结果大获全胜。当班师回京城郢都时，百姓夹道欢迎，盛况空前。为了庆贺赫赫战功，庄王在渐台宴请群臣。文武百官谈笑风生，无不喜形于色。庄王举杯祝贺，与众卿同欢共乐，并招来嫔妃和群臣同席畅饮。

此时，渐台上钟鼓齐鸣，歌舞不断，人们猜拳行令，兴致极高，不知不觉中日落西山。可是庄王意犹未尽，遂命点起蜡烛夜宴，又命宠妃许姬斟酒助兴。

不巧，忽然刮来一阵大风，蜡烛都被吹灭。黑暗中，一个人趁着混乱，竟然拉住了许姬的衣袖。

许姬恼怒，又不便声张，挣扎之中衣袖被撕破。直到她机警地扯断那人帽子上的缨带，那人才惊慌地溜掉。许姬走到庄王跟前，附耳禀报了实情，并请庄王查办那个色胆包天之人。

庄王听罢，沉吟片刻，吩咐左右先不要点蜡，然后命令众卿解开缨带，摘下帽子，纵情畅饮。群臣闻言，纷纷解开缨带，摘下帽子，这时庄王才命人掌灯点烛。在烛光之下，但见群臣绝缨饮酒，已无法辨认出是谁的缨带被扯断了。庄王就像没发生过这件事一样，与众人饮至深夜方散。后来，庄王再也没有提起过此事。

又过了几年，庄王出兵伐晋，命襄老为前军统帅。襄老回到营地后，召集属下商讨策略。其部将唐狡请命，愿为大军开道，不获全胜不返营。于是，唐狡只带几百名亲兵，连夜奔袭而去。由于唐狡骁勇善战，晋军被杀得落荒而逃。庄王的后续大军竟一路未遇到一个阻兵，直取郑国都城荥阳。

庆功会上，庄王称赞襄老用兵神速，勇敢非凡。襄老却说："实非老臣之力，而是部将唐狡孤胆制敌的功劳。"

庄王遂召见唐狡，并当众加倍赐赏。唐狡忙跪下道："臣受君王之恩赐已经很厚了，哪敢再领赏呢？"庄王惊讶道："寡人并不认识你，怎么说受过我的赏赐呢？"唐狡愧色满面，低声谢罪："绝缨夜宴扯住美人衣袖的就是我。大王不追究我的死罪，我一直感激你，没有一天忘了这事，所以这一次我率军进攻，是准备以死相报。"

在场的大臣听了，才恍然大悟为什么庄王命令人们解缨摘帽，一时间对庄王的做法，都非常敬佩。襄老不禁赞叹道："倘若当初君王不能容人之过，谅解别人，而是在绝缨夜宴上明烛治罪，又怎能得到唐狡拼力死战呢？"

庄王面对突如其来的变故没有小题大作，而是以平静的语气命大家一起解缨摘帽、息事宁人，可谓是巧妙地运用了故作不知术。

拉近距离术——显示一些小缺点

与人交谈时，既要使对方保持心理、情绪的平衡，又要让对方认可自己所说的话，最有效的方法就是有意识地说出一些自己的"缺点"，让对方产生优越感。但应当注意的是，不要把自己致命的短处说出来，否则，就成了自曝其短，给对方提供了攻击的靶子。

以高姿态说出自己的缺点，一来可以掩饰自己理论上的不足之处，二来可使对方转移对你弱点的注意力。

故意显示一些小缺点可以拉近彼此的距离，使自己的说服更得人心。

在对那些成绩不太好的学生，或者具有自卑感的人进行说服时，不妨以这种方式来寻求情感的突破口。比如，在一群成绩不好的学生面前，故意写错一个简单的字，或故意说错一句话，让学生们认为老师也会有犯错误的时候。在那些自卑的人面前，故意说这件事情自己恐怕做不好，让他知道别人也有信心不足的时候，这样会使双方的关系更为亲近。

同样的道理，当你要说服那些在某方面比你差的人时，也可以采用这种方式。比如，当你应邀在某地演讲时，发言前故意说一些有意思的小故事，或者做一些简单的小动作，可以使会场的气氛立刻变得轻松起来，听众也更容易接受你的演讲。

有一个知名的教授，就经常用这种方式来“俘获”听众的心。为了消除听众和自己之间的隔阂，在演讲前，教授会有意讲一些小笑话，引得听众哄堂大笑。在笑声中，听众会感觉，原来教授并不像自己想象的那么严肃、古板，而是像公园里晒太阳的老大爷那样和蔼可亲。于是，在一种祥和、轻松的气氛中，听众会很自然地接受教授的观点。在这个教授的演讲中，很少有睡觉、窃窃私语或者中途离场的情况，这不可不说是一种有效的说服方式。

在人际交往中，适当地显示一些自己的小缺点，可以使对方放松绷紧的神经，从而创造一种轻松愉快的交流氛围。

第六章

激情四射的说话应变术

无论在工作还是日常生活中，处处存在着辩论。辩论的过程是一个对抗的过程。唇枪舌剑之中，情况瞬息万变，留给你思考的时间少之又少。这就需要你拿出你的全部热情和机智来，针对不同场合、对象，说出能完全传达你的思想、意见或真情实感的精彩语言来。成功的辩论家都能依靠巧舌如簧的艺术，以及慷慨激昂、情真意切的话语惊动四座。

步步进逼术——步步进逼诱其就范

有时候在谈判中，步步退让反而不能达到预期的目的，这时便要学会适当地强硬，抓住对方心理，步步进逼，从而迫其就范。

一位来自印度的商人带着三幅名画到美国出售。有位画商看中了这三幅画，便打定主意，不管怎样也要把这三幅画弄到手。可是印度商人开价 250 美元，少一美元也不卖。这个美国商人也不是市场上的平庸之辈，他一美元也不想多出，便和印度商人讨价还价起来，一时间使得谈判陷入了僵局。

突然，这名印度商人怒气冲冲地拿起一幅画就往外走，二话不说就点火把画烧掉了。美国画商看着一幅名画就这样被烧了非常心痛。为了不使剩下的两幅画遭受同样的厄运，他小心翼翼地问印度商人剩下的两幅画卖多少钱，想不到印度商人这回要价口气更为强硬，声明少于 250 美元不卖。少了一幅画，还要 250 美元，美国商人觉得太委屈了，便要求降低价钱。但印度商人不理会这一套，又怒气冲冲拿起一幅画点火烧掉了。这一回，美国画商大惊失色，只好乞求印度商人不要把最后一幅画烧掉，因为自己实在是太爱这幅画了。接着，他问这最后一幅画多少钱，想不到印度商人这次张口竟要 500 美元。

这一回美国画商更急了，只好强忍着怒气问："一幅画怎么能超过三幅画的价格呢？你这不是存心要人吗？"印度商人回答："这三幅画都出自名家之手，本来有三幅的时候，价钱还可以相对低点，如今，只剩下一幅了，这可以说是绝世之宝。它的价值已经远远超过了三幅都在的时候。因此，现在我告诉你，如果真想要买这幅画，最低得出价 500 美元。”美国画商一脸苦相，没办法，最后只好以此价格成交。

在辩论中，步步进逼应根据论辩的需要而定：若开门见山难以奏效，则可考虑步步进逼；若单刀直入可以取胜，就不必使用此办法，免得绕来绕去，使人半天不得要领。

反讥术——对不友好者要反唇相讥

“道高一尺，魔高一丈”。虽然这句话用在说话的技巧上不甚恰当，但也说明如果面对不友好的人，而且此人言语行为极其恶劣，那么不妨适当地对其进行教育、教训，让他知道并不是所有人都可以容忍、纵容他，也要让他懂得尊重别人的重要性。

诗人歌德有一次到公园散步，不巧在一条仅容一人通过的小径上，碰见一位对他抱有成见并把他的作品贬得一文不值的批评家。狭路相逢，四目相对。批评家傲慢地说：“对一个傻瓜，我决不让路。”歌德面对辱骂，微微一笑道：“我正好和你相反，先生。”说完往路边毕恭毕敬地一站。顿时，那位批评家的脸变得通红，进退不得。

虽然批评家的言行是粗野失礼的，然而，歌德既没有气极败坏地以谩骂反击，也没有吃哑巴亏，而是接过对方的话头，以礼貌的方式，给予巧妙反击。既教训了对方，维护了自己的尊严，又体现了自己的高雅风度。这就是一种成功的反击形式——反唇相讥。这种方法能抓住对方污辱性的话题，机智地加以改造，并运用具体丰富的潜台词话语，回敬给对方，简练而精巧，文雅且有力。显然，这是一种具有交际价值的、以防卫为主的语言表达方式。

日常生活中我们常常会用到这种交际方法。例如，当别人不怀好意地讥讽、攻击你时，你便可针对对方的讥讽、攻击之词，运用点睛之语，点明事物的本质、问题的要害，“拨乱反正”，令真相大白，使对方陷入他自己营造的不利境地中。

齐国的相国晏婴，将出使楚国。楚王知道这个消息后，便对他左右的人说：“晏婴是齐国很善于言辞的人，现在正动身来我国，我想侮辱他，用什么办法好呢？”左右的人出了个主意。

晏婴来到了楚国，楚王举行酒宴来招待他。正当大家酒兴正浓的时候，两个差人捆着一个人，走到楚王的面前。楚王故意问道：“你们捆绑的这人，是干什么的？”差人回答说：“他是齐国人，犯了偷盗罪。”

楚王笑嘻嘻地望着晏婴，说：“听说齐国人本来就善于偷盗，是吗？”

晏婴站起来离开席位，郑重其事地回答说：“我曾听说过这样一个故事：橘树生长在淮河以南，是橘树；生长在淮河以北，就成了枳树。橘树和枳树虽然长得很像，但它们结出的果实味道却大不相同。橘子甜，枳子酸，为啥呢？由于水土不同啊！如今，在齐国土生土长的人，在齐国时不做贼，一到楚国就又偷又盗，莫不是楚国的水土使老百姓惯于做贼吧？”

楚王听后苦笑着说：“德才兼备的圣人，是不能同他开玩笑的，我现在是有些自讨没趣了。”

还有的时候，有些人常常用不雅的事物作比，讥讽、贬低别人的人格。遇到这种情况，你不妨采用同样的思路，以“作比”对“作比”，给对方以反击。

达尔文提出生物进化论后，赫胥黎竭力支持和宣传进化论，与宗教势力展开了激烈的论战，教会咒骂他为“达尔文的斗犬”。在伦敦的一次辩论会上，宗教头目看到赫胥黎步入会场，便骂道：“当心，这只狗又来了！”赫胥黎轻蔑地答道：“是啊，盗贼最害怕嗅觉灵敏的猎犬。”赫胥黎用短短一句话就有力地回击了对手。在这里，敌对双方都运用了比喻的方法。然而，赫胥黎巧妙地把两个作比物联系起来，运用“盗贼怕猎犬”这一人所共知的常理，暗示宗教头目与他的现实关系，从而戳穿了宗教头目的丑恶本质和害怕真理的面目。

用“作比”方式反讥对方，往往是利用事物间的相克或相连关系，附加上自己的思想感情，压倒这些不友好的人，达到批驳对方的目的，若用得恰当能产生强烈的讽刺意味和反驳效果。

另外还有一种情况，就是当对方蓄意制造出一种使人难堪窘迫的局面时，最好的自救方法莫过于把对方也引入这一局面之中，让他自食其果。

一天，英国戏剧家萧伯纳正坐在沙发上沉思，坐在他旁边的美国金融家对他说：“萧伯纳先生，如果您让我知道您正在思考什么的话，我愿意给您一美元。”“啊，我的思考一美元也不值，”萧伯纳说，“我所思考的正是你。”金融家想以萧伯纳的思想仅值一美元来取笑他，萧伯纳“接过”这廉价的一美元，设计了一个圈套，把它与金融家串联起来，从而使金融家成为被戏弄的对象。

诗人海涅是犹太人，有一天，两位年轻学者对海涅说：“你知道在塔希提岛上最引起我注意的是什么吗？在那岛上，既没有犹太人，又没有驴子！”海涅听了，冷静地答道：“不过这种状况是可以改变的，只要我和您一起到塔希提岛上就可以了。”顿时，年轻学者面红耳赤，无言以对。这也是一种引入，把双方都引入其中，就会形成反败为胜的局面。

人们总难免碰到一些无理取闹的人，大发一通怒火，大骂一顿无赖都无济于事。到头来，对方还是振振有词，头头是道，自己倒气得手脚发颤，只会说："岂有此理，岂有此理。"那么，应该怎样说话，才能反击无理取闹的行为，使得对方自觉得理亏、词穷，无言以对呢？

首先要做的是不要激动，要控制情绪。这个时候的心境平和对反击对方有重要作用：一是表现出自己的涵养与气量，以"骤然临之而不惊，无故加之而不怒"的大丈夫气概在气质上镇住对方。如果一下子就犯颜动怒，变脸作色，这不是勇者的行为。二是能够冷静地考虑对策，只有平静情绪，才能从容地选出最佳对策，否则就可能作出莽撞之举。

在反唇相讥的过程中，不能拖拖拉拉，说了半天，还不得要领，或词软话绵，不痛不痒。打击点要准，一下击中要害。反击力要猛，一下子就使对方哑口无言。

激励术——激励员工把不满说出来

一个气球，如果你不把里面的气放掉，你就不能将它装在你的口袋里。同样道理，如果员工的心里装满了怨气，你不想方设法让他们把不满说出来，发泄掉那股怨气，你就很难对其进行有效的管理。

人人都有自己的看法，下属肯定会对上司的某些决定、办的某件事情心存不满，或是有所抱怨。当这种不满或抱怨在心里日渐一日地积压时，总有一天会超过容纳的限度，那事情就可能会变得不可收拾。作为一个上司，一定要用有效的方法让下属把他心中的不满和抱怨统统发泄出来。这样，既可让下属缓解心理上的压力，上司也有机会认识自己的缺点和不足，双方可以同时进步和提高，可谓一举两得。

“让员工把不满说出来。”这句话是有“世界第一CEO”之称的美国通用集团前首席执行官杰克·韦尔奇曾说过的一句话。让员工把不满说出来，实际上就是一种沟通。通过这种沟通，可以实现企业内部管理信息的“对流”。一方面，倾听员工发自内心的呼声、意见和建议，便于企业决策层、管理层废除不合理的管理制度，制定出更加科学合理的制度，提高管理水平。另一方面，听到来自企业决策层、管理层的准确声音之后，员工的顾虑、猜疑和不解就会烟消云散，工作起来就会心情舒畅，把更多的精力投入到创新生产技术、提高工作效率上，从而使得企业的竞争实力得到增强。

任何管理者，不可能把所有的工作都做得非常完美、滴水不漏，总会有一些事情处理得不公平、不恰当，一些重大决策制定得不合理，一些管理工作做得不到位，使员工产生了不解或不满情绪。如果没有一条能够让员工顺畅地反馈个人意见和建议的平台，也没有一个有效地解释企业内部决策，管理工作动机、目的、方法的渠道，就会使员工的不满和怨气越聚越多，越积越重，从而导致企业发生严重的管理危机。因此，“让员工把不满说出来”不失为一种明智、可取的化解员工矛盾的好方法。

有些上司认为，事情自己已经决定了，就没有必要再通知下属了，更没有必要在彼此之间展开一场唇枪舌剑的讨论。所以他对下属，只有命令的传达和结果的回收。

事实上，这种做法是十分不可取的。你把任务分派下去，并规定在何时完成，下属可能不声不响地都按你的要求去做了。可是下属没有说，并不等于上司的方式方法就是最好的，是完美无缺的。可能下属只是碍于上司的情面，不好意思提出来，也有可能是慑于你的权威，不敢提出来。所以，对上司来讲，下属绝对地服从并非就是一件好事。

作为上司，应该鼓励下属发表自己的意见，说出自己真实的想法。这样，大家在一起讨论，不断地进行否定与决定，最后拿出汇集全体智慧的方案，肯定是最好的。长久地坚持群策群力的管理原则，不仅会使公司的办事效率提高，效益增大，对于自身发展所起的作用也是不可估量的。

当然，“让员工把不满说出来”说起来容易，做起来很难。这需要企业管理者态度诚恳，能够侧耳倾听来自基层的不同意见，包括批评意见和反对意见，而不是只走走形式，做做样子。

流行语术——流行语助你巧妙周旋

流行语就是一些在一定时间、一定范围里高频率地运用于人们口头交际中鲜活的、新潮的词句。这些词句和着时代的脉搏，折射着生活的灵光，为人们的日常言谈增添着魅力与色彩。借助健康且富于生命力的流行语，能让你在人际交往中巧妙周旋。

1. 使用流行语的三大作用

在与他人的交往活动中，恰到好处地使用流行语，可以起到多方面的作用。

（1）使话语常讲常新。日常生活中有些人与别人交谈时老是一种腔调，老用一些自己重复多遍、陈旧蹩脚的词句，毫无新鲜明朗的气息，给人迂腐沉闷的感觉。跟上时代的步伐，注意吸收、运用流行的词句，可以使自己的言辞变得丰富多彩，永远保持谈话色调的生机和活力，使话语常讲常新。

（2）可赢得别人好感。愉快顺利的交谈，往往离不开流行语的使用。比如称呼同事，以前多是“同志”，现在多用“女士”、“先生”，这样更能增进谈话双方的亲近感，从而使交谈始终处于轻松自然的状态，不致因过于拘谨而影响沟通或引起别人反感。

（3）可调料逗趣。生活是五彩斑斓的万花筒，同事们常在一起聊天、玩笑，少不了流行语的点缀。在一次同事聚会上，一位来公司实习的女孩发现一位女同事新穿了一条连衣裙，故意惊呼：“哇！真赞！”立刻博得了大家一阵欢心的大笑。

2. 学习流习语的五大途径

流行语不是哪位名人或语言学家创造发明出来的，只要留心生活，留心别人的言谈，我们每个人都可以点铁成金，推陈出新，随口说出。平时不妨从以下几方面去搜集学习。

（1）从流行歌曲中学。许多流行歌曲不仅曲调优美，能唱出人们的真情、心声，而且歌词通俗易懂，充满生活气息。某男士谈恋爱，刚接触对方，生怕对方看不中自己，就灵机一动说：“我知道我很丑，可是我很温柔。”他妙用了赵传的一首歌名，很快赢得了姑娘的好感。

（2）从电视、电影里学。当代影视与人们的生活愈来愈贴近，不少精彩台词、主持人的即兴妙语、广告好词令人赞叹不绝。比如，有人劝朋友去看一个展览：“去看看吧，不看不知道，展览真奇妙！”显然这里仿用了正大综艺主持人的开场语。

（3）从港台语言中学。网络日益发达，世界越来越小。开放的大潮也带来了港台的新鲜流行语汇。如“真性格”、“好帅”、“当心公司炒你鱿鱼哟”，等等，很是新奇，不妨一试。

（4）从报刊用语里学。某报上曾有一篇题为《检察机关浑身是眼》的文章，某位善谈者巧借活用，与人评论小偷：“他浑身是手，什么不偷？”提醒误入情网的朋友：“别理她，她浑身是胶，粘住了，那还了得？”岂不妙哉？

（5）从方言俚语中学。方言俚语生动活泼，俗得够味，很受人们喜爱。如“没治了”在上海话里是好到绝顶之意，有人看聂卫平下棋：“聂卫平这盘棋赢得没治了！”“磨牙”在北方方言中是费口舌之意，我们也可以拿来运用，如：“还磨什么牙？快走吧！”

运用流行语必须考虑对方的年龄、知识水平以及生活背景。在结合双方心境的基础上，你尽可以信手拈来，适时穿插，使自己的语言情趣盎然。

绵里藏针术——绵里藏针，直扎要害

和别人说话、辩论是非曲直时，如果争得面红耳赤，脸红脖子粗，火药味儿十足，虽说“不打不相识”，但那到底是不得已的事情，并且常常容易导致人际关系破裂、矛盾激化。

人与人之间应该以和为贵，只有“和”才能万事兴达。把好话当做恶话说的人是不会说话，不管好话、恶话都不说的人是不敢说话。该说的话不能不说，根本利益不能牺牲，原则不可抛弃，但关系又不可弄僵，彼此的面子与和气不能伤害。这就要先赞赏对手，承认对手的实力、地位、权威，这样，对方就会对你产生极好的印象，从而也会更加乐意接受你的建议或者要求。

这种以屈为伸、绵里藏针的口才，比直来直去、当面锣对面鼓地否定他人的效果要好得多。当然，要做到这一点，是需要很高的修养与智慧的。

春秋时期的晋灵公，奢侈腐化。他曾下令兴建一座九层高的楼台，群臣纷纷劝阻。他气急败坏，干脆又下了一道命令，敢劝阻建九层台者斩首。这样一来便没人敢说话了。

只有一个叫荀息的大臣很招灵公喜欢。他告诉灵公说他能把九枚棋子摞起来，上面还能再摞九个鸡蛋。灵公听了，觉得这事儿挺新鲜，立即要荀息露一手让他开开眼界。荀息也不推辞，就把九枚棋子摞在一起，接着又小心翼翼地把鸡蛋往棋子上摞，放第一个，第二个……

荀息自己紧张得满头大汗，战战兢兢。看的人也大气不敢出一下，因为荀息倘不能把鸡蛋摞好，就犯了欺君杀头大罪。

这时，灵公也憋不住了，大叫："危险！"荀息却从容不迫地说："这算什么危险，还有比这更危险的事哩！"灵公被荀息勾起了好奇心："还有什么比这更危险？"

荀息便掂掂手中的鸡蛋，慢条斯理地说："建九层台就比这危险百倍。如此之高台三年难成，三年中要征用全国民工，使男不能耕，女不能织，老百姓没有收成，国家也穷困了。而国家穷困了，邻国便会趁机打进来，大王您也就完了。您说这不比往棋子上摞鸡蛋更危险吗？"

灵公吓得出了一身冷汗，立即下令停工。

荀息让晋灵公看了场不成功的杂技表演，更受了一场形象生动的批评，那味道确实是又甜又苦。正在气头上的人，是很难听进别人的诤言相劝的，但“绵里藏针”法却每每在这样的关键时刻，起到扭转乾坤的作用。

有些人的脾气非常暴躁，动不动就大声指责甚至辱骂别人，这样做，势必会让对方心里厌烦，因此，用这种方式不仅不能达到自己的目的，还会背离自己的初衷。在说服时，一定要以此为戒。但是，如果一味地忍让，一心顺着对方，又会长他人志气，灭自己威风，对自己也没有什么好处。在这种情况下，就要抓住切入点和突破口，既不得罪对方，又让对方心甘情愿地接受自己的建议。“绵里藏针”法就跟喂小孩子吃苦药的道理一样，要用糖衣包着药片，或者就着糖水送服，招数因人而异，道理却一通百通。

怒言以对术——理义之怒不可无

有句古话说：“气血之怒不可有，理义之怒不可无。”就是说，不应当有个人意气之怒，但为大义真理而动的怒却是不可少的。理义之怒的积极作用，就在于它是一种具有强烈感情色彩的表达方式。它以愤怒的脸色、激昂的语调和严厉的措辞，来表达自己浓烈的爱憎、鲜明的态度和公正的立场。它有很强的刺激性和震撼力，能给对方施加积极的心理影响，产生威慑作用，进而迫使对方改变行为模式。因此其特有的交际价值是不应否定和忽略的，若运用得当，会收到特殊的交际效果。

对于敌人的阴谋诡计、卑劣行径，敢于拍案而起、怒然痛斥，从感情上看是必然的，难免的，从策略上看有时也是必要的、有利的。

马寅初在重庆实验剧院曾做了个公开演讲，义愤喷涌，名震四海。马老说：“如今国难当头，人民大众是有钱的出钱，有力的出力，浴血奋战；但是那些豪门权贵，却趁机大发国难财。前方吃紧，后方紧吃；前方流血抗战，后方平和满贯。真是天良丧尽，丧尽天良！英国有句俗话：一个人站起来要像一个人，而今天，有的人却是人不像人，鬼不像鬼！他们利用国难，把自己养得肥肥的。要抗战，便要这帮人拿出钱来！”马老随后提出要向蒋宋孔陈四大家族征收战时财产税的倡议。这一倡议，博得听众雷鸣般的掌声。

长辈对晚辈的教育一般应耐心劝导、循循善诱，而当出现严重问题时，疾言厉色的教训也是必要的。

某部师长发现儿子因未婚妻小雷突然患病，产生了与之分手的念头后，怒火陡起。他“呼”的一声拍案而起，严厉地说：“小子，我告诉你，若是小雷没病没灾的，你们谈成谈不成我都不管。如果因为她病了，就想把人家甩了，那是绝对不允许的。你应当明白，你是一个师长的儿子。如果你敢当‘陈世美’，我就不信我连个‘黑老包’都不如！”父亲疾言厉色的训导，终于使儿子悬崖勒马，翻然悔悟。

在某些情境下，愤怒之言的影响力尤佳。用这种“投猛剂，起沉疴”的愤怒方式，严词管教，击一猛掌，能收到警钟乍响、防患未然、促人猛醒的效果。而这种效果是和颜悦色的规劝所难达到的。

理义之怒具有一定的积极作用是毋庸置疑的，但是，这种积极作用的发挥又是有条件的。

首先，良好的动机是理义之怒的基础。理义之怒不但表现出对邪恶的憎恨，而且还包含了对同志亲友深厚的爱。对后者而言，由于出发点是善意的，是为对方好，所以，尽管火气很大，不留情面，但对方能体会并理解其善意和用心。因此不但不会影响关系，反而有助于解决矛盾，密切关系。

与之相反的气血之怒，则以“私利”为出发点。要么是为了保全个人面子而发火，要么是因为私利受到损失而动怒，要么是为了整人、压人，给人难堪而申斥……动机是恶意的，其结果自然会招致他人的敌意。简言之，理义之怒是焊接彼此思想感情的火花，而气血之怒则是焚烧友谊，影响关系的烈焰。

其次，善于用理智加以控制，是理义之怒的关键。义愤之言毕竟是情绪激动状态下的即兴之变，如果不善于控制，任其发泄，就会走向反面。罗马的文艺理论家郎加纳斯说：“那巨大的激烈情感如果没有理智的控制，而任盲目、轻率的冲动所操纵，那就会像一只没了压舱石而漂流不定的船那样陷入危险。”

因此，具有积极作用的怒言，也会表现出极大的理智上的克制。这种克制体现在：一是发怒的状态要适度。不可怒发冲冠，不能怒不可遏，而应怒不失态，恰到好处。二是怒言谈吐要有分寸。盛怒之下，语调难免高昂，但不要挖苦揭短，侮辱人格。三是时机要把握恰当。怒到一定程度，就要适时地消火降温，转换口气，缓和气氛，不能得理不让人，一怒到底。如果任怒火放纵，一怒而不可收，即使你的动机再好，恐怕也难免把事情搞糟。

再次，怒言谈吐最根本的还在于言之有理。人们发怒，说到底是为了表达自己的某种思想感情，影响对方的言行。但是，要达到目的，仅有“怒言”不行，还必须善于讲理，只有道理讲到点子上，别人才能心悦诚服。怒言说理不同于正常状态下的条分缕析，慢慢道来。它的特点是，抓住要害，短兵相接，一击即中，入木三分。使人闻之震颤，思之有理，“以威助理，以理攻心”，是怒言服人的特色。

先声夺人术——先声夺人，令对方低头

在生活中，很多人一听到要与强敌对阵，内心就会立刻恐慌起来，甚至临阵脱逃。这种做法是很不可取的，但反过来，我们也可以利用人们这种心理。如果你在对阵时能够先发制人，就会增加对方的心理压力，在气势上令对方不战而败。这样，就可以达到自己的目的了。

陈圆圆谏闯王李自成，便是用的先声夺人之招。

李自成率百万大军攻破北京，俘虏了山海关总兵吴三桂的爱妾陈圆圆。李自成以为陈是祸水，下令将其拉出勒死。不待卫兵动手，陈圆圆自己站起，朝李自成冷笑一声，转身欲出。闯王喝道："回来，你冷笑什么？"陈圆圆并不胆怯，虽被喝令跪下，却朗声辩道："小女子早闻大王威名，以为是位纵横天下，叱咤风云的大英雄，想不到……""想不到什么？""想不到大王却畏惧一个弱女子！""胡说，孤家怎么会畏惧你？""大王，小女子也是良家出身，不幸堕入烟花，饱尝风尘之苦，实属身不由己。小女子初被皇亲田畹霸占，后被总兵吴三桂夺去，大王手下刘将爷又将小女子抢来，皆非小女子本意。请问大王，小女子自身又有何罪？大王仗剑起义，不是要解民于倒悬，救天下之无辜吗？小女子乃无辜之人，大王却要赐死，这不是畏惧小女子又是什么？"李自成被问住，一时语塞，答不出话来。只好说："你且起来。"陈圆圆抓住良机进言："为大王计，大王杀小女子，实为不智。""为什么？""小女子看宫中情形，大王有撤出京城的打算，不知是不是？""就算孤王有这种打算，那又

怎样？""大王是打算全师平安撤走，还是被追袭而奔？""想平安撤走，又怎么样？""大王，吴总兵引清兵入关，来势甚猛，小女子蝼蚁之命，大王杀了我，对大王无丝毫益处。而留下小女子，小女子感大王不杀之恩，当竭力使吴总兵滞留京师，不再追袭。大王可保全实力，全师撤离，巩固西京，日后又可东山再起。趋利避害，请大王三思。"李自成被说中心病，又追问："你怎么能够使吴三桂滞留京师？""大王知道，吴总兵降而复叛，皆由小女子而起。大王杀了小女子，必然激起他强烈的复仇心，以致日夜兼程，追袭不已。大王留下小女子，他还穷追什么呢？"李自成终被说服，将其送回府中。

在生死攸关的时刻，陈圆圆化险为夷，靠的是先声夺人术。她首先是利用李自成占领北京后不可一世的自负心理，施以嘲讽刺激。这一招奏效后，申述自己的无辜，其次对李自成施以冷嘲热讽，又获大胜。最后陈圆圆分析指出杀掉自己的不智，终使李自成改变了主意。由此看出，先声夺人，确有敲山震虎，虎惊自出之妙。

先声夺人之技巧就在于先以激烈之词造成压倒一切的气势，引起论辩对方的高度重视和注意，而后由急转缓，平铺直叙，娓娓道来，使对方听罢，颇感"急"，并非虚张声势。"缓"，字字千斤，更有分量。急缓融为一体，感人至深。

在说服过程中，只要你能够先声夺人，占据心理优势，那么，对方就会认真考虑你的建议或者要求，而如果你能够配以步步紧逼，不给对方喘息的机会，你的目的就可以很快地达到了。

辛辣讽刺术——辛辣讽刺寻衅者

在论敌观点的荒谬性非常明显，正面进攻一时难以取胜时，可以变换沟通手法，转而针对对方的思想、品行、身份、历史等方面进行进攻，破坏对方的自傲心理，使对方自惭形秽，陷入无地自容的窘境，失去反击的能力。

两个朋友在一家小食店吃饭。桌上有一盅芥末酱。当中一人以为那是甜酱，舀了一匙放进嘴里，马上泪流满面。他也想让他的朋友上当，所以不露一点声色。对方看到朋友在哭，问道："我亲爱的朋友，你哭什么？"

他回答说："我想起我的父亲，他在20年前被送上绞架。"

不一会儿，对方也吃了一匙芥末酱，当他开始扑簌簌地流泪时，他的朋友也问他："那你又在哭什么呢？"

"我在想，可惜你没有跟你爸爸同时被送上绞架！"

对于尖酸刻薄者，对于故意寻衅的人，我们不可一味地宽厚下去，让小人得意。对这样的人能忍则忍，忍无可忍时，千万不要客气，该反击时就进行有力的反击。为人兼有软硬两手，才是处世自保并争取主动之道。

晋朝刘道真读过书，由于遭受战祸，流离失所，无以为生，只好去当纤夫。他素来喜欢嘲笑别人。一天正在河边拉纤时，看见一个年老的妇人在一只船上摇橹，刘道真嘲笑说："女子为什么不在家织布，而跑到河里划船？"那老妇反唇相讥道："大丈夫为什么不跨马挥鞭，而跑到河边替人拉纤？"

又有一天，刘道真正在草屋里与别人共用一只盘子吃饭，见到一个年长的妇人领着两个小孩从草屋前走过，三个人都穿着青衣。就嘲笑她们说："青羊引双羔。"那妇人望了他一眼，说："两猪共一槽。"刘道真无言以对。

生活中，总有那么一些人爱故意找碴儿、寻衅滋事，想让别人下不来台。这时你如果退避三舍，必会遭人耻笑；如果视而不见，也难免有软弱之嫌。不如化被动为主动，反唇相讥，既可让寻衅者无言以对，也能在主动中有台阶可下。

针锋相对术——针锋相对用刚言

针锋相对，刚言震慑，就是论辩中针对对方的利害关系，以非凡的气度和声势，震动、威逼和慑服对方。

论辩中，有的对手因理屈而心虚，说话含含糊糊，吞吞吐吐，遮遮掩掩，躲躲闪闪。这时，我们几乎不需要再不厌其烦地论说什么道理，只要直接亮出观点，就可以切中要害，使对方无力招架。

苏联诗人马雅可夫斯基才华横溢，有杰出的讽刺才能，又具有很强的个性和正义感。他看不惯并不能容忍一切腐败现象，并对此进行了无畏而勇猛的抨击，也受到了很多人的攻击和指责，但他对于一切无礼的攻击，均抱以尖锐的讽刺和嘲弄。其幽默是以牙还牙、锋芒毕露，同时又妙趣横生。请看他在一次演讲中与个别观众的交战：

他刚讲了一个笑话，忽然有人喊道：“您讲的笑话我不懂！”

“您莫非是长颈鹿！”马雅可夫斯基感叹道，“只有长颈鹿才可能星期一浸湿了脚，到星期六才能感觉得到呢！”

“我应当提醒你，马雅可夫斯基同志，”一个矮胖子挤到主席台上嚷道，“拿破仑有一句名言：从伟大到可笑，只有一步之差！”

“不错，从伟大到可笑，只有一步之差。”他边说边用手指着自己和那个胖子。

诗人接着回答条子上的问题：“马雅可夫斯基同志，您今天晚上得了多少钱呢？”

“这与您有何相干？您反正是分文不掏的，我还不打算与任何人分哪！”

“您的诗太骇人听闻了，这些诗是短命的，明天就会完蛋，您本人也会被忘却，您不会成为不朽的人。”

“请您过一千年再来，到那时我们再谈吧！”

“马雅可夫斯基，您为什么喜欢自夸？”

“我的一个中学同学舍科斯皮尔经常劝我：你要只讲自己的优点，缺点留给你的朋友去讲！”

“这句话您在哈尔科夫已经讲过了！”一个人从他座位上站起来喊道。

“看来，”诗人平静地说，“这个同志是来作证的。”诗人用目光扫视了一下大厅，又说道：“我真不知道，您到处在陪伴着我。”

一张条子上说：“您说，有时应当把沾满‘尘土’的传统和习惯从自己身上洗掉，那么您既然需要洗脸，这就是说，您也是肮脏的了。”

“那么您不洗脸，您就自以为是干净的吗？”诗人回答。

“马雅可夫斯基，您为什么手指上戴戒指？这对您很不合适。”

“照您说，我不该戴在手上，而应该戴在鼻子上吗？”

“马雅可夫斯基，您的诗不能使人沸腾，不能使人燃烧，不能感染人。”

“我的诗不是大海，不是火炉，不是鼠疫。”

总之，对于尖酸刻薄者，对于故意寻衅的敌人，我们不可一味地宽厚下去，让小人得意。对这样的人忍到一定地步就无须再忍，该反击时就要针锋相对地去反击。为人兼有软硬两手，才是处世自保并争取主动的真理。

运用针锋相对术时，要坚信自己的观点，对自己要充满信心，这样才能一身正气，光明磊落；要步步进逼，不能有半点退缩；要从心理上征服对方，要有气势磅礴的力度。在论辩中，合理地使用排比句，有利于形成一种势如破竹、排山倒海的气势。

直言术——直截了当说明白

在人际交往中，有时候，你应该直言不讳，也就是用直截了当的方式说出自己的观点，通过摆事实、讲道理的理性分析来触动对方，使对方在冷静、全面而深刻地思考问题之后接受你的观点。

国际家具集团（IMG）公司创业时，业务局面一直没能打开。有一天，IMG公司总经理麦克先生终于约见了几个月来就想拜见的全美有名的席梦思床垫公司总裁格兰特·席梦思以及好几位副总裁，向他们推销IMG公司的服务，希望为这家床垫公司生产配套产品。

整个会谈进行得十分顺利，但是床垫公司仿佛仍然没有被说服下决心合作。如果错过这个机会，再找机会将这几位公司的巨头与IMG公司的董事长们聚集在一起，那可能会是几个月甚至是更长时间以后的事。为此，麦克先生果断地向格兰特·席梦思先生提出了自己的想法：

“我们刚才非常荣幸地向各位介绍了本公司能为贵公司提供的配套服务，我们双方今后的合作计划、前景也得到了各位一致的赞同，这项合作计划对我们双方都将是有利可图的。但是，如果我们一离开这个房间，这项业务或许就会被贵公司暂时搁置一旁，因为贵公司的业务实在是太多了。但我们公司已经为此等待了四个月的时间。既然我们都认为这是一个可行的合作项目，何不乘格兰特先生和几位副总都在场把合作协议签了，为我们的初次合作画上一个圆满的句号呢？希望诸位能原谅我的冒昧请求。”

当然，结果是非常的成功。格兰特·席梦思先生从沙发上站了起来，握住了麦克先生的手，说：“好。”合作协议就这样签字了。

当麦克回到公司将结果告诉同人时，他们都感到非常惊奇而难以置信，不到一个上午如此大手笔的生意就大功告成了。但结果正是如此，只要抓住机会，明确提出自己的要求，成功的过程就是这样简单。

在现代职场中也有很多时候需要直言不讳，也就是用直截了当的方式说出自己的观点，通过摆事实、讲道理的理性分析来触动对方，使对方在冷静、全面而深刻地思考问题之后接受你的观点。而且直言术有的时候还能给你带来意想不到的收获。

两难术——设置两难，左右夹击

两难术，也就是运用二难推理机智地去说服对手。在日常的辩论中，运用“二难推理”往往很有说服力。辩论的一方提出一个表明有两种可能性的选言命题，再由这两种可能性引申出对方难于接受的结论，让对方左右为难去回答。

安瑟伦是中世纪出名的神学家，他以本体论论证法论证了上帝的存在，并宣称世界是由“全能的上帝”创造的，上帝是宇宙的“主宰”，无所不知，无所不能。

为了反驳这一论证，高尼罗就提出一个两难推理，他问：“上帝能否创造一块连他自己都举不起来的石头？”

他作了如下推理：如果上帝能创造一块连他自己都举不起来的石头，那么上帝就不是全能的，因为他连一块石头都举不起来；如果上帝不能创造一块连他自己也举不起来的石头，那么上帝也不是全能的，因为有一块石头他创造不出来。

也就是说，不管上帝能不能创造这样的一块石头，上帝都不是全能的。

这位哲学家运用二难法巧妙地使“上帝”陷入进退两难的维谷。无论是回答“能”或“否”都不能自圆其说，让那些有神论者左右为难。

在论辩中设置两难，其推理要严密，不能给对方任何缝隙，否则，不但无法驳倒对方，自己反倒会一败涂地。这就要求在一开始即堵死对方回答问题的几个可能路口，使他无论如何都必须按照你的意愿掉进“陷阱”而无路可逃。

有一个名叫西特努赛的人，在皇宫做官。

有一天上朝之前，他对一些官员们说：“我可以洞察你们的内心，你们心里想的，我全都知道，不信咱们可以打赌！”

官员们虽然知道西特努赛足智多谋。但绝不相信他会聪明到这种地步，就想让他在皇帝面前出出丑。于是，一致同意在皇帝面前以每人一两银子为赌注来打赌。皇帝知道后也认为西特努赛输定了。

打赌开始后，西特努赛不慌不忙地高声说道：“我十分清楚。在座诸位大人想的是：我的思想十分坚定，我的整个一生都忠于皇帝。永远不会背叛，谋反，请问诸位大人是不是这样想的？哪位不是，请立即站出来！”

官员们听到这里，面面相觑，没人敢出来，都只好宣布认输。

这则故事中的西特努赛确实聪明，然而他的聪明并不在于能洞察人家那一时刻想的是什么，而在于他善于抓住官员们在特定环境中的心理：不敢承认自己对皇帝不忠，巧妙地作出了一个官员们不敢否认的“猜测”：大家都在想着一生坚定地忠于皇帝而永不反叛。

这样一来，就把官员们置于一个进退两难的境地：

如果认为西特努赛猜得对，就得输一两银子并公开称赞他聪明。

如果认为西特努赛猜错了，就等于暗示自己并非时刻忠于皇上，很可能掉脑袋。

或者认为西特努赛猜对了。或者认为他猜得不对。

所以，或者不得不输他一两银子并赞他聪明，或者冒脑袋搬家的危险。

“两弊相衡取其轻”，不出西特努赛所料。官员们都不得不承认西特努赛猜对了。

又如：古时有个国王。自吹听遍了世上所有的故事。有一天。他向全国发了一道诏示：谁能讲一个国王没有听过的故事，国王就把独生女儿嫁给他，并赐给他很多钱。消息一传出，天天都有人跑来给国王讲故事，但国王总是摇摇头说：“唉，早听过了。”讲故事的人无可奈何。

一天，一个农夫来到国王跟前说：“我讲一个绝妙的故事，我敢保证，您一定没听过。”

国王看着这个穷农夫，根本没把他放在眼里。只听农夫不慌不忙地讲道：“很久很久以前，您的祖父欠了我祖父一大笔钱，到了您父亲手上，这钱连本带利就欠得更多了。到了您手上。您不但欠我比您父亲更多的钱，还欠我一个女人。”农夫讲完，脸上堆着笑问道：“陛下，这个故事你听过没有呢？”

国王脸色骤变，懊悔不迭。但他的许诺早已家喻户晓。为了维护国王的威信，他只好把独生女儿嫁给了农夫，并赐给农夫很多钱。

在日常生活中，运用二难推理往往很有说服力。其特点是：一方说出具有两种可能的大前提，使对方不论肯定还是否定其中的哪一种可能，结果都很难摆脱进退维谷、骑虎难下的尴尬境地。

迷惑术——制造假象，诱其上当

制造假象，蒙骗敌人，是战胜敌人的重要法宝。孙膑当年就利用对手的狂妄骄横，用“增灶”迷惑敌人，诱其轻进，结果在马陵道上一举歼灭了不可一世的庞涓，给中国军事史增添了又一个辉煌的战例，至今为人传诵。

孙子说：“要想调动敌人，就要会用假象欺骗敌人，敌人一定会上当的。”先制造假象，造成对方的错觉，诱使其上当，让对方陷得越深越好，陷得越深，你的成功率就越大，然后再“堵笼抓鸡”，一针见血地指出其荒谬论点的根源，彻底否定对方，这也是一种反驳对方较为彻底的巧辩。

在宋朝时，有一件谋杀案，县官对嫌疑犯多方拷问，都无济于事。后来，经师爷一番诱问，终于使案情真相大白。

事情是这样的：在常州有张三、李四两个好朋友，经常合伙去外地经商。有一次，两人约好第二天清晨五更天，李四到张三家去喊张三一声，再一同上路。

第二天一早，天还没亮，李四就收拾妥当出了家，哪知天亮时分，李四的妻子听到一阵急促的敲门声夹杂着张三的喊叫声："嫂子，快开门！"

李四的妻子开门一看，只见张三满头大汗，急喘吁吁地说："嫂子，你丈夫约定五更到我家，怎么天都亮了，他还没来？"

这话让李四的妻子大吃一惊，说道："他不是早就出门了吗？

张三更是惊奇地说："那怎么没到我家来，会出什么事呢？"说罢，张三和李四的妻子就四处寻找，结果在一丛林里找到了李四的尸体，所带银子已不翼而飞。李四的妻子嚎啕大哭，一把抓住张三说："一定是你杀了我丈夫！"就把张三拉到了县衙门。县太爷问了好一会儿，无法断案，说是张谋杀，有点像，但无真凭实据。这时站在一旁的师爷胸有成竹地说："老爷，且待我来盘问。"说完，他就开始问道：

"张三，李四和你约定，今天五更到你家会面，李四没来，你去李家叫他，是这样吗？"

"没错，事情就是这样。"张三说。

"你去李四家是怎么叫的？"

"我是这样叫的。"张三接口答道："嫂子，你丈夫约定五更到我家，怎么天都亮了，他还没来？"

"真是这样叫的吗？"师爷追问。

"老天有眼，如有假话，天打雷轰。嫂子在这儿，你问问她！"张三说得斩钉截铁。旁边李四的妻子也证明是这样叫的。

"好！那么我问你，你到李四家叫李四，为什么不叫李四，偏偏叫李四的妻子来问话。你怎么知道李四不在家呢？"

"这个……这个……"张三慌了手脚，支支吾吾说不出话来。

师爷接着喝问："大胆刁民，还敢狡辩吗？你一句话泄了天机，你去李四家叫门时，早知道李四不在家了，所以才叫‘嫂子’说话。这就证明你今天一早明明已看过李四，那么，谋财害命，杀死李四。除了你还有谁呢？还不从实招来！”

一席话，说得头头是道，把张三的画皮揭露无遗，张三只好供出自己谋杀李四、抢夺银两的全部罪行。

总之，在说服与论辩中，我们要用心估量对手，用眼观察关键之所在，在对方不注意的的问题上，给以有力的还击。迷惑术就是让对方易于迷惑或忽视的地方，施以一定的策略，达到说服对方的目的。